전기홍의
카페 운영 X파일

전기홍의
카페 운영 X파일

일에일북

2024년 4월을 기준으로 메가커피가 2,950개 매장, 컴포즈 커피가 2,540여 개 매장을 운영 중이야. 코로나19 팬데믹 이후 테이크아웃형 저가 프랜차이즈 커피가 기하급수적으로 늘고 있기 때문이지. 메이저 저가 프랜차이즈 외에 수없이 많은 저가 프랜차이즈까지 감안하면 정말 많은 수의 카페가 있어.

이런 저가 프랜차이즈 카페를 제외하고도 각각의 특성을 가진 개인 카페들까지 우후죽순 생기고 있는 것이 대한민국의 카페 시장이야.

한 예능 프로그램에서 외국인 여행자가 대한민국은 한 집

건너 한 집이 카페여서 놀랐다는 얘기를 할 정도로 우리나라에는 카페가 많아. 내 경우만 봐도 개인 스케줄을 고려해서 상담 일정을 조절했는데도 2023년 한 해 동안 개인 카페로 컨설팅한 매장이 30여 곳이며, 크레이저 커피 가맹점을 18곳이나 오픈시켰을 정도니 카페를 창업하려는 사람이 얼마나 많은지 대충이라도 가늠할 수 있겠지?

이 책을 읽고 있는 그대 역시 잠재적 카페 창업자라고 생각하면 카페 창업자 수가 정말 많다는 건 두말할 필요가 없어.

그런데 이렇게 많은 카페 중에 살아남는 카페는 과연 얼마나 될까? 한 집 건너 한 집이 카페라고 하지만, 한 해가 지나면 한 집이 망하고 또 다른 카페가 그 자리를 대체하고 있다는 사실은 알고 있어?

그대가 인지하지는 못하고 있겠지만 1년도 못 버티고 망하는 카페가 엄청나게 많아. 뉴스에서 말하는 자영업자 폐업률 속에 카페도 큰 비중을 차지하고 있어. 카페를 오픈하고 3년 내에 폐업하는 사람이 70%고, 대다수가 5년을 넘기지 못해. 결국 성공하는 사람들은 3~10% 사이에 불과하다는 말은 루머가 아니라 실제 현실이야.

창업을 준비할 때 이런 염려를 접하면서도 '나는 그들과 달리 성공할 수 있다'는 근거 없는 자신감을 가지고 창업에 뛰어드는 불나방들이 여전히 많아. 나 역시 19년 전에 처음으로 카페를 창업했을 때 그들과 비슷한 생각과 태도를 가졌기 때문에 충분히 이해해.

아무것도 모른 채 어설픈 생각으로 창업에 뛰어들었기에 지금의 카페 시장 같았으면 100% 망하고, 자영업 폐업률 통계에 잡히는 수많은 자영업자 중 하나가 되었겠지. 당시 카페 시장 상황이 좋았고, 주변에 도움을 주는 고마운 분들이 많아서 성공할 수 있었어.

그리고 꽤나 긴 시간 동안, 카페를 운영하고 매장을 조금씩 늘려가면서 쌓은 경험과 노하우 덕분에 예비 카페 창업자들에게 내가 가진 정보를 나눠주는 카페 창업 컨설팅을 시작할 수 있었지.

참 다행스러운 일이야. 지금은 개인 카페를 준비하는 사람들에게 안정적인 창업을 제공할 수 있는 시스템도 갖추게 되었어. 게다가 60여 개가 넘는 프랜차이즈 가맹 사업으로 확장하고 있으니, 무모했던 과거와 비교하면 참으로 운 좋은 결과가 아닌가 싶네.

그래서 나도 그랬던 것처럼 수많은 창업자가 창업 전에는 절대 알 수 없는 내용들, 즉 실무적으로 꼭 알아야 하는 창업 프로세스들을 이 책에 담았어.

온라인이나 유튜브 등에서 검색하고 조합해야 하는 단편적인 정보를 체계적으로 설명하고, 창업에 필요한 모든 프로세스를 이해할 수 있도록 내용을 구성했어.

기존의 카페 창업 서적에는 나오지 않는, 현장에서 겪지 않으면 알 수 없는 정보들만 모아서 설명했으니 유용할 거야.

물론 이 책을 읽는다고 해서 '무조건' 성공한다는 보장은 없어. 하지만 실패 확률을 단 몇 퍼센트라도 줄일 수는 있을 거야.

내가 바라는 건 단 하나야. 많은 이가 평소 염원해왔던 카페 창업의 꿈을 후회와 눈물이 아니라 웃음으로 가득한 결말로 마무리 짓는 것. 그러니 카페 창업의 길에 이 책이 길잡이 역할을 할 수 있길 바라.

전기홍

목차

PART.2
카페 창업에 필요한 자금

PART.3
카페 상권분석의 핵심

PART.4

카페 인테리어의 모든 것

PART.5

카페 마케팅의 기초

PART.6

카페 창업을 위한 행정 및 세무 정보

PART.7

카페 운영 실전 가이드

PART.1

카페 창업을 위한 마인드

카페 시장의 전망과 현실

글로벌 시장조사기관 스태티스타의 통계에 따르면 2023년 국내 카페 시장의 규모는 17조 1,776억 원에 육박한다더군. 게다가 유로모니터의 조사 결과에 따르면 2023년 기준 1인당 연평균 405잔의 커피를 마셨다고 해. 다른 국가들의 평균 연간 커피 소비량인 152잔과 비교하면 어마어마한 숫자지.

따지고 보니 나도 하루에 4잔 이상을 마시니까 1년에 1,400잔 넘게 마신다는 얘기잖아. 그냥 하루하루 습관처럼 마시는 커피지만 이렇게 보니 나뿐만 아니라 많은 사람들의 일상에서 커피를 빼놓을 수 없다는 걸 알 수 있어.

더구나 한 집 건너 카페가 있는 것 같다는 카페 시장 종사자들의 말마따나 국세통계포털 집계 결과를 보면 2023년 11월 기준으로 국내 커피·음료점업 점포 수가 9만 6,584개나 된다고 하더라고. 전국 편의점이 5만 5,800개라니까 거의 2배나 차이 나는 셈이야.

베이커리나 패스트푸드점, 혹은 커피를 구매할 수 있는 음식점까지 치면 실제로는 20만 개에 가까운 점포에서 커피를 즐길 수 있다는 예상을 할 수 있어. 십수 년 전부터 커피 시장은 포화라고 외쳤건만, 매장 수가 줄어들기는커녕 기하급수적으로 증가하고 있으니 참 아이러니한 현실이야.

매년 신문이나 뉴스에서 카페의 폐업률이 올라가고 5년 이상 유지하는 카페들이 20%도 안 된다는 기사를 쏟아 내고 있는데도 다들 카페를 창업하려고 난리들이야.

게다가 카페 레드오션 상황에서도 유명한 카페들은 승승장구하고, 동네 카페 한두 군데쯤은 손님들이 몰리는 모습을 볼 수 있잖아. 이들이 바로 성공한 사람들인 거지. 또 이렇게 장사가 잘되다 보니까 2호점, 3호점도 내고 나아가서 프랜차이즈로 확장하는 성공 스토리까지 쓰는 사람도 있어. 시장이 커진 만큼 앞으로 성공하는 사람들도 더 늘어날 거야.

하지만 이들의 모습을 보고 '나도 카페를 창업해서 성공해야지'라는 마음을 먹는 건 지양하라고. 알다시피 누구나 성공할 수 있는 건 아니잖아? 카페 시장이 지속적으로 성장하고 있는 건 사실이지만, 경쟁이 치열한 것도 사실이야.

현재 카페 시장은 강한 자가 시장 점유율을 점점 더 넓혀가고, 경쟁에서 밀린 자는 폐업할 수밖에 없는 구도야. 쉽게 말해 장사하는 법을 잘 아는 사람들은 커져가는 시장만큼 자신의 몫을 더 챙기고, 하룻강아지 범 무서운 줄 모르고 덤빈 사람들은 몇 년도 못 버티고 나가떨어진다는 뜻이지.

그러니까 카페 시장에 뛰어들겠다고 마음먹은 이상 조그만 매출로 만족하겠다는 순진한 생각은 저 멀리 던져두는 게 좋아. 카페 시장은 그리 만만하지 않아. 무턱대고 덤벼들었다가는 매출을 내기는커녕 쌀알 한 톨만큼의 매출도 내지 못하는 참혹한 결과를 맞이할 확률이 더 높거든.

모 아니면 도야. 어중간한 자들은 살아남지 못하는 게 카페 시장이지. 주변에 카페를 운영하는 사람이 있으면 찾아가서 조언을 구해봐. 아마 대부분 카페 창업을 말릴 거야. 다들 말릴 정도로 어렵다는 뜻이겠지.

하지만 비관적으로만 말하기에는 카페로 성공한 사람들이 꽤나 있다는 것도 부정할 수가 없네. 성공한 사람들은 사전에 철저히 조사한 다음 시장에 뛰어들고, 예상치 못한 현장 상황은 임기응변으로 악착같이 버티고 살아남아서 지금의 자리에 올랐다고 말하지. 때로는 몇 번의 실패를 겪고 그 경험을 바탕으로 지금의 자리에 올랐다고도 해.

나도 마찬가지야. 남들이 보기엔 실패라고는 겪은 적 없는 사람처럼 보이지만 나름대로 크고 작은 실패를 많이 겪었고, 지금도 이런저런 시행착오를 겪고 있어.

아무튼 이 책을 읽고 있다는 건 그대들이 이미 카페 창업의 길로 들어섰거나 창업할 마음을 먹었다는 걸 의미한다고 생각해. 그렇다면 치열한 카페 시장에서 그대가 걸어갈 길이 어디인지 조사해야 하겠지.

카페가 단순히 커피를 판매하는 곳을 말하는 건 아니야. 같은 커피라도 스페셜티 커피라는 고급 커피를 팔 것인지, 저렴한 테이크아웃 커피를 팔 것이지, 디저트를 팔 것인지, 아니면 개성적인 테마를 가진 카페를 할 것인지. 추구하는 바를 명확하게 정한 다음 시작해야 해.

시장을 분석하고 그대가 잘할 수 있는 것이 무엇인지, 또 어떤 전략이 장기적으로 유리할 것인지 먼저 파악하는 자세를 가져야 해. 다시 한 번 말하지만 여태 실패한 사람들처럼 경솔하게 뛰어드는 실수를 저지르지 않았으면 좋겠어.

창업을 시작하는 마인드

요즘은 커피 한 잔 마시려고 집을 나서면 카페를 쉽게 찾을 수 있어. 카페가 흔하게 널린 상황인 거지. 문제는 그중 절반이 1년을 못 넘기고 문을 닫는다는 거야. 이 사실을 아는지 모르는지 아직도 카페 창업 예정자는 줄을 서고 기다리고 있어.

내가 글을 쓰고 있는 이 시간에도 카페를 창업하고 싶다고 전화를 거는 사람이 있을 정도야. 그러나 막상 상담을 하면 80% 이상이 창업자의 마인드를 갖추지 못했어.

그럼 지금부터 카페를 창업하려고 하는 사람들이 어떤 마인드를 가지고 있는지 좀 살펴볼까?

첫 번째 유형 '그냥 무작정 카페를 하고 싶다' 파

- ☑ 회사를 관두고 그냥 뭐라도 시작하고 싶은데 특별한 기술이나 자격이 없어 카페를 시작하는 게 가장 쉬울 것 같다는 사람
- ☑ 명예퇴직을 했는데 크게 할 수 있는 게 없는 사람
- ☑ 카페는 매일 돈이 들어오는 장사일 것 같다는 사람
- ☑ 무작정 돈이나 벌자는 사람
- ☑ 카페 사장은 멋있어 보인다고 생각하는 사람
- ☑ 월급쟁이 생활을 벗어나고 싶은 사람
- ☑ 카페 사장은 내 생활과 커피를 맘껏 즐길 수 있을 것 같다는 사람

카페를 창업하려는 사람 대부분이 이런 유형이야. 카페 창업에 대한 명확한 의지가 있고 준비된 상태라 하는 게 아니라, '돈'을 쉽게 벌 수 있는 수단이라고 생각하는 경우가 많아. 안타깝게도 망하기 좋은 타입이지.

실제로 이런 유형의 90% 이상이 망해서 나가. 생계형으로 시작한 사람들도 많은데 투자 금액을 회수하지 못하는 상황을 보면 마음이 아파. 이런 분들이 컨설팅을 의뢰하면 진심으로 카페 창업을 말리기도 해. 혹시나 지인 중에 이런 유형이 있다면 발 벗고 나서서 말려 주길 바라.

두 번째 유형 '커피 전문가' 파

☑ 커피를 직접 내려서 마시는 걸 좋아하는 사람

☑ 나만의 개성이 담긴 커피를 남들에게 맛보게 하고 싶은 사람

☑ 커피 관련 자격증을 취득했거나 카페 아르바이트를 통해 프로
가 되었다는 사람

최근 들어 많이 보이는 유형이야. 취미로 시작한 게 목표가
된 케이스지. 이들은 대부분 카페 창업에 대한 명확한 의지를
가지고 있기 때문에 성공할 확률이 높지만, 커피 맛에 지나치
게 몰두하는 경우가 있어.

그렇기 때문에 자신만의 커피에 강한 집착을 보이거나 다른
사람의 입맛을 전혀 고려하지 않는 등 고객에 대한 이해를 소
홀히 여기다 보니 오히려 실패하는 경우도 간혹 보여.

쉽게 설명하자면 제품을 잘 만드는 기술자가 장사도 잘하리
란 법은 없어. 커피를 내리는 것과 카페 운영은 별개의 문제야.
물론 나중에 설명하겠지만 좋은 제품을 가진 것만으로는 절대
성공할 수 없거든.

좋은 제품을 잘 판매하려면 다양한 요소가 어우러져야 하기
때문이야. 그런데 커피 내리는 실력만큼은 어디에서도 빠지지
않는데 장사는 영 못하는 케이스가 꽤 있어.

이런 분들은 차라리 바리스타 강사나 원두 수입 업체 쪽으로 진로를 전환하는 것이 좋지 않을까? 카페 시장이라는 게 카페 창업에 한정되는 게 아니야.

세 번째 유형 '투잡' 파

☑ 회사 근처에 카페를 창업해서 회사 사람들에게 홍보하려는 사람

☑ 종교 단체에서 카페를 오픈하려고 하는 상황에 자신이 직접 카페를 창업하고자 하는 사람

☑ 회사에서 복지 차원으로 카페를 오픈하려는데 자신이 직접 창업하고자 하는 사람

☑ 월급 외에 또 다른 수익을 만들고자 하는 사람

☑ 현재 하는 일과 연계해서 카페를 사무실로 활용하려는 사람

이런 마인드를 가지고 창업을 시작하는 유형이 가장 실패할 확률이 낮아. 일단 회사나 종교 단체와 관련되었다면 매출에서는 크게 문제될 게 없고, 본업이 있다면 매출이 부진하더라도 별도의 수익 덕분에 위험을 분산시킬 수 있어.

실제로 나도 이 유형으로 카페를 창업했어. 잡지사 마케팅 팀에서 근무했기 때문에 친분이 있는 기자들이 홍보 기사도 써줬고, 가끔 연예인도 데려와서 카페 홍보에 큰 도움이 됐어.

게다가 카페는 간혹 매출 부진에 시달릴 수 있거든. 이럴 때 회사 급여라는 수입원이 있다면 경제적인 불안감을 많이 해소할 수 있어. 게다가 매출이 좋을 때는 도리어 회사 급여가 보너스 같은 느낌을 줘서 기분이 좋지.

그래서 나는 창업을 하려는 분들에게 가급적 겸직을 권하고 있어. 계란을 한 바구니에 담지 않는 것처럼 포트폴리오를 구성해서 위험을 분산하라는 거야. 만약 카페가 잘되면 그때 가서 카페에 올인해도 늦지 않을 테니까.

하지만 겸직이 온전히 혼자 감당하기에는 힘든 것도 사실이야. 내 경우는 동생이 카페에 전념하고, 나는 퇴근 후와 주말을 이용해 매장 운영에 참여하는 식으로 경험을 쌓았어. 또한 동생은 매장 운영, 나는 홍보 마케팅에 집중하는 등 철저한 분업을 통해 효율적인 경영을 도모했지.

실제로 겸직은 파트너와 함께했을 때 성공 확률이 높아져. 그러니 혹시 주변에 카페 운영을 믿고 맡길 수 있는 사람이 있다면 함께 하는 방안을 모색해도 좋을 거야.

자, 지금까지 3가지 유형으로 카페 창업 유형을 살펴봤어. 여기서 나열하지 못한 유형도 있겠지만 대체적으로 이 3가지 유형에 포함된다고 봐야 해. 느낌이 어때? 그대는 어떤 유형의 카페 창업자였어?

사실 어떤 마인드로 창업을 하든 생계를 위해 열심히 살아야 한다는 사실을 인지하고, 치열한 경쟁에서 이기려는 각오를 다져야 해. 여태까지 실패했던 다른 사람들처럼 쉽게 생각하지 말고 신중히 카페 창업에 뛰어들라고!

카페 창업을 하기 전엔 다들 준비가 충분하다고 자신하지. 하지만 막상 내가 창업 전 가져야 할 태도나 마음가짐에 대해 질문 몇 개만 던져도 대답을 제대로 못해서 우물쭈물하곤 해.

그러니 창업 전에 그대가 어느 정도로 준비됐는지 좀 더 객관적으로 파악할 수 있도록 자가진단을 해보는 게 좋아.

지금 예시로 드는 자가진단키트는 중소벤처기획부에서 주관하고 창업진흥원 정보관리부에서 운영하는 'K-Startup'이라는 창업지원포털에서 진단받을 수 있는 프로그램이었어.

아쉽게도 지금은 서비스를 제공하고 있지 않지만, 정부에서도 예비 창업자들이 신중하게 창업할 수 있도록 자가진단키트를 운영했던 셈이지. 내가 당시 사용되던 자가진단키트를 바탕으로 새로 작성했으니 살펴보길 바라.

카페를 창업하는 사람들에게만 적용되는 것이 아니라 모든 업종에 적용할 수 있어. 내가 이 자가진단키트를 언급하는 이유는 창업 전에 한 번쯤 스스로를 전체적으로 바라볼 수 있어야 하기 때문이야.

자가진단키트는 총 5개 파트로 평가하고, 파트별로 해당 질문에 대해 '전혀 그렇지 않다, 그렇지 않다, 조금 그렇지 않다, 보통이다, 조금 그렇다, 그렇다, 매우 그렇다'라는 7개의 단계별 응답지가 있어. 최소한 '보통이다' 이상의 답변이 나와야 창업 준비가 어느 정도 된 거라고 생각해.

일단 이 책을 보며 스스로 답변해서 그대의 상태를 가늠하고, 그 다음에 직접 K-Startup 사이트(www.k-startup.go.kr)에 들어가서 예비 창업자들에게 도움을 주는 제도를 찾아보도록 해.

창업자 역량

1. 나는 평소 자발적으로 계획을 세워서 수행한다. ☐

2. 나의 창업 아이디어(아이템)를 사람들(고객, 투자자 등)에게 설명할 수 있다. ☐

3. 나는 상황을 파악할 수 있는 통찰력이 있다. ☐

4. 나는 창업 관련 입상 경험이 있다. ☐

5. 나는 최근 3년 이내에 창업 관련 교육을 받았다. ☐

6. 나는 사업화를 위한 자금확보 방안이 있다. ☐

7. 나는 창업기업에 대한 법인세 등 세제지원 제도를 알고 있다. ☐

8. 나는 자금관리(회계, 재무) 지식을 가지고 있다. ☐

9. 나는 사업화를 위한 기술/Know-how 확보 방안이 있다. ☐

10. 나는 사업화를 위한 마케팅 능력(판로, 홍보 등)을 확보하고 있다. ☐

11. 나는 사업화에 필요한 인력(팀)을 확보하고 있다. ☐

시장 기회

1. 나는 사업 아이템과 관련된 예상 고객과 만난 경험이 있다. ☐

2. 나는 사업 아이템과 관련된 경쟁 업체와 접촉(전화, 이메일, 방문 등)한 경험이 있다. ☐

3. 나는 사업 아이템과 관련된 시제품 생산 업체와의 만난 적이 있다. ☐

4. 초기에 구매해줄 목표고객층을 결정했다. ☐

5. 초기에 구매해줄 핵심 고객을 알고 있다. ☐

6. 서비스 목표시장의 추정 규모는 얼마인가? ☐

7. 서비스 목표시장의 기대되는 연평균 성장률(향후 3년)은 얼마인가? ☐

8. 서비스와 관련된 경제적 변화가 내 사업에 유리하다. ☐

9. 서비스와 관련된 법과 제도적 변화가 내 사업에 유리하다. ☐

10. 서비스와 관련된 소비자 트렌드 변화가 내 사업에 유리하다. ☐

11. 서비스와 관련된 사회문화적 변화가 내 사업에 유리하다. ☐

12. 유사한 서비스를 제공하는 기업 간의 경쟁이 치열하다. ☐

13. 유사한 서비스가 새롭게 출시될 가능성이 있다. ☐

14. 대체재가 나올 가능성이 있다. ☐

아이템 분석

1. 나는 서비스 개발의 트렌드(로드맵)를 잘 파악하고 있다. ☐

2. 나의 서비스는 기존 서비스와 차별화된 정보를 제공한다. ☐

3. 나는 기존 서비스와 차별화된 서비스 제공 방식을 가지고 있다. ☐

4. 나는 기존 서비스와 차별화된 서비스 제공자의 역할을 한다. ☐

5. 나의 서비스는 기존 서비스에 없는 새로운 수익 구조를 제공한다. ☐

6. 나의 서비스는 추가적인 수익을 창출할 수 있는 방안이 있다. ☐

7. 나는 고객을 늘릴 수 있는 방법을 알고 있다. ☐

8. 나는 경쟁 업체와 구별되는 기술력을 확보하고 있다. ☐

9. 나는 개발하고자 하는 서비스와 관련된 경력을 가지고 있다. ☐

10. 나의 서비스는 경쟁 업체에 대해 경쟁우위 요소를 가지고 있다. ☐

11. 나는 서비스 관련 지식재산권(특허, 실용신안 등)을 취득 또는 보유
    하고 있다. ☐

12. 나는 고객이 누구인지 알고 있다. ☐

13. 나는 고객이 느끼는 문제점을 파악하고 있다. ☐

14. 나는 기존 서비스에 비해 추가적인 혜택을 제공하고 있다. ☐

15. 나는 고객의 서비스 사용 용도를 알고 있다. ☐

16. 나는 고객이 서비스를 사용하는 이유를 알고 있다. ☐

17. 나는 고객의 규모를 파악하고 있다. ☐

비즈니스 모델

1. 우리 조직은 성장 단계에 따른 적정한 팀을 보유하고 있다. ☐

2. 우리 조직은 네트워크가 잘 구축되어 있다. ☐

3. 주요 활동을 효율적으로 수행하고 있다. ☐

4. 제작/제공을 위한 협력 파트너를 확보하고 있다. ☐

5. 나의 서비스를 고객에게 전달할 수 있는 유통망을 파악하고 있다. ☐

6. 아이디어 개발, 제작, 유통 및 소비자 접촉 등 각 과정에서 중요한 필수 활동들을 알고 있다. ☐

7. 나의 사업 아이템이 어떻게 수익을 창출하는지 알고 있다. ☐

8. 서비스 보급에 관련된 네트워크를 알고 있다. ☐

9. 나의 아이템, 서비스 사업화, 상품화에 필요한 자금 규모를 알고 있다. ☐

10. 향후 성장 단계별로 필요한 자금 규모를 파악하고 있다. ☐

11. 본 사업의 손익분기점을 알고 있다. ☐

12. 창업 사업화를 진행하는 데 필요한 소요 비용을 알고 있다. ☐

13. 서비스의 제작 과정을 전체적으로 파악하고 있다. ☐

전략

1. 서비스를 제작할 수 있는 최적의 외주 업체를 알고 있다. ☐

2. 제작·제공 과정에서 발생할 수 있는 애로 사항을 파악하고 있다. ☐

3. 회사 운영 시 자문을 받을 수 있는 인적 네트워크를 충분히 확보했다. ☐

4. 참여 인력의 역할과 책임은 명확히 설정되어 있다. ☐

5. 향후 2년간 분기별 매출액을 예측하고 있다. ☐

6. 유통 경로(중간 유통, 직접 판매 등)를 확보하고 있다. ☐

7. 서비스 판매에 따른 수익 구조(판매, 수수료, 이용료, 회비 등)가 명확
   하다. ☐

8. 소요자금 규모를 알고 있다. ☐

9. 자금 운용계획을 수립했다. ☐

10. 창업 초기의 서비스 공급 규모를 알고 있다. ☐

7가지 원칙을 꼭 명심하라

'커피에는 정답이 없다'라는 말은 커피 맛에 대한 기호가 사람마다 다르고, 하나의 변수에 따라 커피 맛이 달라지고, 변수 자체가 수백, 수천 가지이기 때문에 '맛있다'의 정의를 내리기가 어렵다는 것을 뜻하지.

이 말이 참으로 두루뭉술하다는 사람들이 많지만, 실제로 이만큼 '명확한 정답'은 없어. 왜냐하면 상권마다 사람들의 기호도 다르고, 소비 성향도 다르기 때문이야. 커피 맛을 상권에 맞춰서 적절히 추구해야 고객들의 기호를 맞출 수 있어.

창업이란 것도 솔직히 말해서 콕 집어 정답이라고 말할 수 있는 건 없어. 마주하는 상황이 다르기 때문에 상황마다 적용하는 전략이 달라야 성공 확률이 높아지거든. 다만 정답이 없다고 해서 기본을 망각하자는 얘기는 아니야. 어떤 비즈니스든 반드시 지켜야 하는 기본 원칙이라는 게 있잖아.

창업하기 전에 스스로에게 던져야 할 질문이 있어. 내가 컨설팅을 하기 전에 클라이언트에게 묻는 '카페 창업 7원칙'인데, 다들 한 번쯤 읽어보고 창업을 할 수 있는지, 창업을 해야만 하는지 체크해봐.

7가지 원칙에서 하나라도 벗어난다면 절대 카페를 창업하지 마. 기본이 안 된 상황에서 창업하는 건 실패라는 결승점을 향해 막무가내로 달려나가는 꼴이니까.

☕ 카페 창업 7원칙

1. 과도한 빚으로 창업하지 말자

경험 없는 무리한 투자는 화를 자초할 수 있어. 대부분의 카페 창업자가 일정 부분 대출을 받아 시작하기 때문이야. 매출이 괜찮으면 큰 문제가 없지만, 운영이 어려워서 예상보다 매출이 안 나오는 경우에는 대출 이자가 큰 짐이 될 수 있어.

2. 사업 기대치를 낮추자

마진율이 높을수록 경쟁자가 많아지는 건 알지? 커피의 마진율이 높다고 해서 수많은 사람이 카페를 창업하고 있잖아. 카페는 대박을 노리는 사업이 아니라 큰 욕심 없이 평생 일할 수 있게 해주는 직업으로 여겨야 하거늘. 다들 욕심이 많아서 걱정이야.

3. 충분한 준비를 거친 후 창업하되, 결단은 빠르게 내리자

여전히 충분히 준비하지 않고 아카데미 교육만 받고 카페를 창업하는 사람들이 많아. 아카데미, 즉 학원 강사들 중 카페 창업을 제대로 할 줄 아는 사람이 얼마나 되겠어? 학원에서 배운 지식만으로 창업했다가는 망하기 십상이야. 창업에 필요한 준비 사항을 더 체크하고, 준비가 충분하다고 판단되면 그땐 신속하게 최종 결단을 내리는 게 좋아.

4. 가족의 동의와 전폭적인 지지를 얻어내자

가족의 동의 없이 카페를 창업한 경우, 심리적인 부분에서 어려움을 겪는 사람이 많아. 쉽게 말해 싸우기 십상이야. 심지어 부부간의 불화가 생기는 경우도 많으니 가족을 설득하지 못하면 사업은 하지 않는 것이 나아. 가족이 우선이지. 한 번쯤 생각해봐. 당신은 가족과 행복하게 살기 위해 카페를 창업하려 했잖아? 사업의 첫째 목적은 가정의 화목이야.

5. 목표 고객을 정해 놓고 창업을 시도하자

이건 마케팅의 기본이야. 목표 고객을 두루뭉술하게 잡고 영업을 시작하면 이도 저도 아니게 돼. 목표 고객부터 명확히 설정하고 거기에 맞는 영업 전략을 펼쳐야 비용도 적게 들고 전략도 효과적으로 먹히지.

단순히 싼 가격을 좋아하는 고객이 있고, 커피 맛을 기준으로 삼는 고객이 있고, 심지어 커피를 못 마시는 고객도 있어. 이렇게 다양한 고객 중에 내가 목표로 삼아야 하는 고객을 명확하게 규정하고 전략을 선택해야 성공 확률이 높아지는 거야.

6. 고객의 의식 구조와 행동 양식을 파악하고 창업을 준비하자

카페를 창업하면 제일 많이 느끼는 것이 고객과 운영자 간의 의식 차이야. 고객은 내가 생각하는 대로 움직이지 않아. 카페를 창업해서 실패하는 사람들 중 다수가 고객의 취향을 파악하지 못하고 자기의 취향대로 카페를 운영하는 이들이지.

위에서 설명한 것처럼 커피를 그저 가격으로 선택하는 사람들도 있고 커피를 아예 못 마시는 사람들도 있는데 '내가 만드는 커피는 맛있고, 우리 카페는 흠 잡을 곳 없이 좋다'라는 자기 생각만 내세우다가는 망할 때까지도 왜 내 카페가 안 되는지 파악하지 못할 거야.

7. 인간관계를 최대한으로 활용하자

내가 늘 강조하는 부분이지. 한국 사회에서 인맥은 무시할 수 없는 자산이야. 지인들은 당신의 든든한 지원군이기도 하고, 힘들 때 심적으로나마 큰 도움을 줄 수 있는 사람들이지. 혼자서 아무리 잘났다 떠들어봐야 주변의 도움 없이는 성공을 기대하기 어려워. 도움을 받을 수 있다면 언제든지 부탁해서 도움을 받아. 자존심 따위는 개나 주라고.

창업에도 공식이 있다

얼마 전에 한 대형 프랜차이즈 카페에서 점장으로 3년 정도 근무했다던 바리스타가 찾아왔어. 지금 카페 창업을 준비 중인데 뭐부터 해야 하는지 막막하다고 하소연하러 왔다는 거야. 뭐, 심정이 이해 안 가는 건 아니야.

바리스타로 몇 년을 일했다 하더라도 막상 창업의 문을 두드리다 보면 자신이 배우고 경험한 게 그저 카페 운영의 일부밖에 안 된다는 걸 금세 깨닫게 될 거야.

이미 잘 갖춰진 매장에 들어와 시스템대로 운영만 하는 것과 아무것도 없는 '무'의 상태에서 카페의 모습을 갖추고 시스템을 만든다는 건 차원이 다른 얘기지.

상권을 분석하고, 계약서를 쓰고, 인테리어를 하고, 각종 카페 부자재나 기물을 구매하고, 인허가를 받기 위해 동분서주하고, 직원을 채용하고….

직원으로 일하다가 막상 오너가 되려면 겁도 나거든. 단순히 음료 레시피를 많이 안다고 해서, 매장 운영 경험이 많다고 해서 잘할 수 있는 건 아니라는 사실을 뼈저리게 느낄 거야.

학교에 다닐 때 배웠던 공식을 기억해? 수학으로 따지면 근의 공식이라든가, 피타고라스의 정리라든가. 문제를 쉽게 풀기 위해 만들어진 방법이 있듯 카페 창업에도 수학 공식 같은 프로세스가 있어.

단계별로 공식처럼 잘 짜인 프로세스에 맞춰서 준비한다면 머릿속에 뒤죽박죽 섞여 있는 문제들을 조금씩 풀 수 있을 거야. 수학 공식의 x나 y에 숫자만 대입하면 답이 척척 나오는 것처럼 단계별로 하나하나 준비한다면 카페 창업도 그리 큰 문제가 되지 않는단 말이지.

자, 그럼 우선 그 공식을 표로 보자고. 다음 페이지에 나오는 표에 표시된 순서대로 카페 창업을 준비하면 돼. 물론 자세한 내용은 책에서 하나하나 풀어줄 거야.

카페에서 수년간 일을 했던 매니저들도 이 순서를 모른 채

Step	구분	내용
Step 1	창업자금 설계	자기자본, 부동산, 대출, 정부 지원 등
Step 2	카페 형태	개인 카페, 프랜차이즈, 전수카페
Step 3	상권분석	입지선정, 상권분석, 부동산 등
Step 4	매장 선정	임대차계약 및 권리금 계약
Step 5	메뉴 확정	메뉴 선정, MD 상품 선정, 서비스 관리
Step 6	인테리어	업체 선정, 도면 확정 등
Step 7	카페 시설 및 기물 확정	에스프레소 머신 등 장비 선정
Step 8	각종 인허가	영업신고증, 사업자등록증
Step 9	직원채용	정직원, 아르바이트, 근로계약서 작성 등
Step 10	초도물량매입	유통 업체 선정, 메뉴에 따른 부재료 주문
Step 11	오픈 및 홍보	가오픈, 오픈 행사 및 홍보물
Step 12	경영 진단 및 피드백	운영 진단 및 문제점 개선
Step 13	장기 운영 시스템	지속적인 성장을 위한 방안 모색

일을 처리하다 보면 비용은 비용대로 들고, 시간은 허비하는 불상사를 많이 겪어.

하지만 수학 문제를 공식대로 푸는 것처럼 위쪽의 표와 부록에 있는 창업 액션 플랜을 차근차근 따라 하다 보면 카페 창업이 아주 어렵게 느껴지지는 않을 거야.

보이는 게 다가 아니다

혹시 미술에 대해서 잘 알고 있어? 학창 시절 대부분의 남학생이 그랬던 것처럼 나도 그림이라든가 예술품에 대해 관심이 거의 없었어. 미술 시험에 나오는 내용 정도만 외우고 있었지.

그러다 유럽 여행 중에 여러 박물관을 방문하면서 교과서에서만 보던 그림들을 볼 기회가 생겼지. 여행 가이드가 관광객들에게 그림을 설명해주는 걸 우연히 듣게 됐어.

그림이 어떻게 만들어졌고, 어떤 이야기를 담고 있으며, 왜 유명한 것인지 알려주더라고. 교과서에 나오지 않은 이야기들이라 정말 흥미로웠지.

그때 이후로 나는 여행을 가기 전에 방문할 곳의 그림이나 예술품에 대한 자료를 찾아봐. 인터넷에 나오는 정보만 봐도 정말 재미있더라고. 정보를 갖고 실제 예술품을 보면 느낄 수 있는 감정의 폭이 넓어지지. 얻어가는 것도 더 많다고 해야 하나?

카페 창업도 다를 바 없어. 아는 만큼 보이지. 그리고 보이는 게 다가 아니야. 예전에는 자영업을 시작하기 전에 얻을 수 있는 정보가 굉장히 한정적이었어. 프랜차이즈를 찾거나 입소문 난 식당을 찾아가서 노하우를 전수받는 방법밖에 없었지.

그런데 최근에는 포털 사이트에 검색만 해도 엄청나게 많은 정보를 얻을 수 있잖아. 책상 앞에만 있어도 다들 창업 박사가 되는 거야. 문제는 이렇게 얻은 정보들이 전부 진짜는 아니라는 점이야.

요즘 블로그나 카페를 보면 누가 봐도 커피 전문가인 사람이 정말 많아. 아마 1박 2일 내내 커피 얘기만 해도 시간이 부족하다고 할 거야. 이런 사람들은 유명하다는 카페는 다 돌아다니면서 맛이 어떻고 서비스가 어떻고 에스프레소 머신은 어떻다는 등 이런저런 감상평을 남기곤 하지.

그런데 정작 이들의 창업 결과는 그리 좋지 못하더라고. 분명히 그들은 창업 전까지만 해도 아마추어 사이에서는 추앙받는 전문가 수준이었어. 그들이 수집한 정보와 경험이 결코 적은 양은 아니었을 거야. 풍부한 지식을 바탕으로 사업계획서도 썼을 테고, 최선을 다해 창업을 준비했을 텐데 왜 실패라는 결과를 얻었을까?

바로 눈에 보이지 않는 것을 알지 못했기 때문이야. 단순히 커피만 잘 안다고 카페 운영을 잘 할까? 커피 맛만 좋다고 손님들이 물밀듯이 밀려올까? 실제 카페 운영에는 단순히 커피를 제조하는 업무뿐만 아니라 영업 준비부터 재고 관리, 직원 관리, 마케팅까지 정말 다양한 요소가 있어.

보통 그런 부분을 몰라서 실패하는 거야. 이런 것들은 대부분 경험하지 못하면 알 수 없는 내용이거든. 장사의 베테랑들이 뭘 해도 잘되는 것처럼 보이는 이유가 바로 이런 면들을 잘 알고 있기 때문이야. 반면 장사 초짜들은 보이는 부분까지만 준비하기 때문에 실패하는 거지.

알아야 보이고, 아는 만큼만 보인다는 말이지. 뭘 놓친 건지 몰라서 스스로에게 의구심이 들고 자신감이 바닥으로 떨어지면 날 찾아와. 2시간 정도면 당신의 카페 창업 준비 상태를 다 알려줄 수 있을 테니까!

나무늘보처럼 천천히 가라

카페 창업을 준비하는 사람들을 만나 보면 대부분 뭔가에 쫓기듯 서두르고 있어. 특히 자의로 회사를 나온 게 아니라 명예퇴직처럼 타의로 회사를 나온 사람들은 하루하루 비용을 쓰고 있는 셈이라 더 급하게 창업을 생각하지.

빨리 돈을 벌어야 가족을 먹여 살리는데, 창업하는 데 시간이 지체되면 그나마 가지고 있는 퇴직금을 다 써버릴 것 같은 마음에 미치겠다는 말을 하곤 해. 이해 안 가는 건 아니야. 나도 그 시절을 겪어봐서 더욱 공감이 가.

그런데 말이야. 서두르다 보면 판단력이 떨어져서 말도 안 되는 결정을 하는 경우도 있어. 당신은 아닐 것 같지? 사람은 말이야, 다 비슷해. 나는 남들과 다르다고 생각하지만 결국 비슷한 상황에서는 비슷한 결정을 하거든.

예를 들어 볼까? 20년 전부터 음식점과 카페는 포화 상태라는 말이 돌았어. 그래서 아직까지 수많은 언론 매체에서 자영업자는 90% 가량이 실패한다는 기사를 우려먹고, 커피 관련 업계에 있는 지인 대부분이 카페 창업을 말리잖아.

다들 시작할 때 자신은 성공할 수 있을 거라고 생각하지. 창업을 결심했다면 불같은 의지로 빠르게 밀어붙이는 자세도 좋지만, 반대로 최대한 조심스럽고 천천히 준비해야 할 필요도 있어.

앞에서 얘기한 것처럼 눈에 비친 게 전부가 아니거든. 한 발 물러서서 시간을 두고 천천히 살펴야 보이는 것들도 많아.

예를 들어 볼까? 쉬운 예로 점포 임대차계약을 들 수 있지. 부동산에 가면 "이 매물은 벌써 몇 분이 보고 계셔서 이번 주 안에 계약을 하지 않으면 놓칠 수 있어요. 이 정도로 괜찮은 물건은 쉽게 나오지 않으니 빨리 결정하고 연락 주세요."라면서 마음을 조급하게 만드는 거야.

이외에도 창업 전에 준비해야 하는 사항이 정말 많아서 마음이 급해지기 마련이지. 그런데 심리적으로 쫓기면 너나 할

것 없이 카더라 통신과 인터넷 포털 사이트에서 아마추어들이
하는 말이 진실인 것마냥 믿게 되거든.

그래서 창업을 결심했다면 때로는 나무늘보처럼 천천히 걸
어가는 것도 괜찮은 방법이야. 여유롭게 준비하다가 더 이상
준비할 게 없다고 여길 정도가 되면 폭풍처럼 질주하는 거야.

성공이란 준비된 자에게 주어지는 상과 같아. 일을 조급하
게 진행시키다 보면 놓치는 부분이 많아. 돌다리를 두드리듯
천천히 준비하는 게 훨씬 성공 확률이 높은 길이라는 걸 꼭 명
심하라고.

개인 카페와 프랜차이즈 카페의 선택

몇 년 전에 카페베네가 자본잠식 상태에 빠져서 본사의 재무 구조가 매우 위험하다는 기사가 난 적이 있지. 게다가 한 프랜차이즈를 운영하던 대표의 비극적 결말이 온 세상에 알려진 사건도 있었고 말이야.

최근 저가 프랜차이즈의 중소형 카페들이 크게 성장하는 모습으로 카페 프랜차이즈 시장이 재편되고 있지. 그런데 이와 반대로 개인 카페는 대형 카페가 성공 가도를 달리고 있고, 중소형 카페는 폐업률이 늘고 있어.

그러다 보니 직장을 다니던 사람들은 은퇴 후에 개인 카페를 하는 것보다 프랜차이즈 카페를 하는 게 어떨까 생각하곤 하지. 하지만 뉴스에서 보는 여러 프랜차이즈 가맹점의 폐해를 생각하면 그냥 개인 카페가 낫다는 생각이 들기도 해.

개인 카페와 프랜차이즈 카페 사이를 오가는 고민은 카페 창업자들에게 중국집에서 짜장면을 고를지 짬뽕을 고를지 고민하는 것과 비슷하다고나 할까?

일단 고르긴 해야 하는데 짜장면을 고르면 짬뽕이 더 맛있을 것 같고, 짬뽕을 먹자니 짜장면이 더 맛있을 것 같지.

근데 또 자기 입맛이 확고한 사람들은 짜장면이든 짬뽕이든 어느 하나만 고집하는 경우도 있잖아. 개인 카페냐 프랜차이즈 카페냐 고르는 문제도 비슷한 맥락이야. 각기 장단점이 있어서 뭘 고르든 분명 다른 선택에 아쉬움이 남을 거야.

그래도 반드시 어느 한 쪽을 선택해야 한다면 제대로 알고 결정해야 하지 않겠어? 카페 창업은 메뉴를 고르는 것과 다르게 신중해야 하잖아. 짜장면을 시키고 후회했다면 다음에 짬뽕을 시키면 되는 일이지만, 카페 창업은 재도전이 어렵지.

일단 개인 카페와 프랜차이즈 카페의 장단점부터 확실하게 공부하도록 해. 양쪽의 장단점을 숙지하고 난 뒤에 어느 걸 선택할지 골라도 늦지 않으니까 말이야.

🥤 개인 카페의 특징

☑ 내가 원하는 대로 할 수 있다

음료의 맛, 서비스, 인테리어 등 온전히 내가 원하는 대로 할 수 있어. 특히 카페에서 일한 경험이 있어서 맛과 서비스에 대해 어느 정도 자신이 있다면 나만의 개성을 추구하기에 좋아.

☑ 고객이나 시장의 변화에 빠른 대응을 할 수 있다

트렌드에 재빠르게 대응할 수 있어. 예를 들어 특수한 형태의 와플이 유행한다고 치면 재빨리 기계와 재료를 구입해서 메뉴를 추가할 수 있어. 프랜차이즈 카페의 경우 가맹점이 임의로 메뉴를 추가할 수 없기 때문에 트렌드를 빠르게 따라가기에 어려운 면이 있지.

☑ 비용이 적게 든다

프랜차이즈 카페를 하면 로열티도 지불해야 하고, 재료비도 본사 정책에 따라 더 비싸질 수도 있지. 또한 가맹 계약에 따라 여러 비용도 붙다 보니 당연히 비용이 많이 들 수밖에 없어. 요즘엔 정부 정책에 따라 이런 비용이 많이 줄어들고 있지만 개인 카페에 비해 지출이 다소 많은 건 사실이야.

☑ 초보자가 하기에는 실패 확률이 높다

창업을 해본 적이 없는 이들에게 개인 카페 창업은 위험 부담이 굉장히 높은 편이야. 소비자들의 입장에서도 인지도 높은 프랜차이즈 카페가 훨씬 이용하기 편하지. 실제로 카페 커뮤니티에 올라오는 글을 보면 주변에 프랜차이즈 카페가 하나 들어오니 매출이 반으로 줄었다는 푸념이 정말 많다는 걸 알 수 있어.

또한 카페 운영 과정에서 생기는 힘든 점을 온전히 혼자 책임져야 해. 자문을 구할 곳이 없다 보니 카페 운영 과정에서 생기는 스트레스를 혼자 감당하는 거지.

☕ 프랜차이즈 카페의 특징

☑ 창업 초보에게 좋다

가맹 계약을 하는 순간부터 본부의 도움을 받을 수 있어. 상권분석부터, 인테리어, 메뉴 선정, 마케팅 전략 등 초보자가 하기 힘든 일을 본사에서 도와준다는 게 가장 큰 장점이야. 물론 가맹점주 등골만 빼먹으려는 본사도 많지만 제대로 된 본사는 가맹점주들이 창업에 성공할 수 있도록 그들의 매뉴얼과 노하우를 전수해 주는 데 전념하지.

☑ 브랜드 인지도의 우위

일단 새로운 개인 카페보다 훨씬 인지도가 좋은 프랜차이즈 카페가 고객들을 확보하는 데 유리하겠지? 누가 봐도 알 만한 프랜차이즈 카페라면 고객들이 이미 메뉴, 맛, 서비스에 대해 충분히 알고 있기 때문에 카페를 쉽게 이용할 수 있어. 나도 뭘 먹든 실패하지 않는다는 점이 좋아서 어설픈 개인 카페보다는 프랜차이즈 카페를 이용하기도 해.

☑ 비용이 많이 든다

개인 카페의 장점과는 반대로 프랜차이즈 카페는 비용이 좀 더 든다는 단점이 있지. 우선 로열티 지급을 비롯해 가맹비나 교육비 같은 비용이 추가로 들거든.

더구나 요즘 뉴스에 나오는 것처럼 본사가 물류비를 높게 책정해서 마진을 많이 남기는 경우에는 수익이 크지 않아.

다만 최근에는 프랜차이즈 본사의 횡포가 이슈로 떠올랐기 때문인지 본사 스스로 물류비를 낮추기도 했고, 개별적으로 구매할 수 있는 재료들은 가맹점의 의지에 따라 자유롭게 구매할 수 있도록 허락하는 프랜차이즈 카페도 많아졌다는 사실도 잊지 마.

☑ 무조건 본사의 매뉴얼을 따라야 한다

개인 카페들은 하고 싶은 걸 하지만, 프랜차이즈 카페가 된 이상 무조건 본사의 정책을 따라야 해. 예를 들어 본사에서 어떤 이벤트를 계획했는데 자신의 상권에서는 통할 것 같지 않아서 하기 싫더라도 본사 정책상 무조건 해야 한다는 거지.

그리고 어떤 메뉴는 특정 상권에서 통하지 않는데도 본사 매뉴얼상 무조건 제공해야 하기 때문에 필요 이상의 물류비가 늘어나는 경우도 종종 발생해.

창업 초보자들이 창업을 결심하고 나한테 찾아와서 제일 처음 묻는 게 개인 카페를 하는 게 낫느냐, 프랜차이즈 카페를 하는 게 낫느냐는 질문이야. 사실 정답이 없는 질문인데, 나는 좀 더 현실적인 부분을 고려해서 조언해주지.

나는 프랜차이즈 카페를 굉장히 좋아하는 편이야. 그대들처럼 창업 초보자들이 가지지 못한 노하우나 매뉴얼을 손쉽게 얻을 수 있는 거잖아.

직설적으로 얘기하자면 긴 시간 동안 쌓은 프랜차이즈 카페의 경험을 돈을 써서 자신의 것으로 만드는 셈 아니야? 이만큼 편하게 가는 방법이 어디 있어?

그래서 나는 차라리 성공하기 위해 혼자 아등바등 노력하는 것보다 프랜차이즈 카페로 시작해서 몇 년 동안 노하우를 배우다가 개인 카페로 전환하는 게 낫다고 생각해. 자신만의 프랜차이즈 카페로 도약하는 것도 나쁘지 않은 선택이야.

그렇지만 무조건 그런 방법을 추천하지 못하는 이유가 있어. 바로 정직하고 튼실한 프랜차이즈를 찾기 어려워서도 있고, 제대로 준비하고 진입해서 개인 카페로 성공한 사람들도 꽤 있어서 그래.

결국 프랜차이즈 카페냐, 개인 카페냐에 대한 선택은 본인의 상황에 맞게 스스로 잘 판단해야 한다는 원론적인 얘기로 결말을 맺을 수밖에 없어.

PART. 2

카페 창업에 필요한 자금

카페 장비의 선택과 바의 설계

자금설계의 기본

나는 페이스북 같은 SNS 활동을 즐기는 편이야. 관련 업체들의 최근 동향도 파악할 수 있고, 다양한 업종의 사람들이 펼치는 기발한 마케팅 방식도 배울 수 있어서 브레이크 타임에는 종종 SNS를 이용하지.

그런데 며칠 전 페이스북을 하다가 한 창업 예정자가 "제 자본금이 얼마 있는데 카페를 창업할 수 있나요?"라고 물어본 걸 봤어. 그런데 얼마 안 지나서 어떤 창업 전문가라는 양반이 "창업 초보시니깐 일단 사업을 크게 벌이지 말고 소자본으로 작게 하는 게 좋겠네요"라고 답변하더라고.

이런 게 바로 자칭 전문가라는 양반들이 내리는 굉장히 비논리적인 답변 중 하나야. 창업 초보랑 소자본 창업이랑 무슨 상관이지?

이 답변을 거꾸로 돌려보면 '소자본 창업을 하면 초보자도 성공할 수 있습니다' 혹은 '소자본 창업은 망해도 큰 문제가 없다'가 되는 거잖아.

이 무슨 말 같지 않은 소리야! 실패해도 되는 사업은 없어. 오히려 소자본으로 창업할 수밖에 없는 사람들은 실패하면 다시 일어서기 힘들어. 자본을 탈탈 털어서 시작했는데 실패라도 해봐. 재기할 돈이 한 푼이라도 남았을 것 같아? 그러니까 자칭 창업 전문가라는 양반들은 제발 이런 말로 현혹하지 마.

다시 본론으로 돌아오면, 사실 많은 사람이 제일 궁금해 하는 부분이 바로 그 창업자금이야. 도대체 자금을 얼마나 가지고 있어야 카페를 창업할 수 있을까? 다들 정말 알고 싶을 거야.

직장 생활을 하다 보면 각종 공과금, 대출이자, 식대, 교통비 등 지출이 많은 데 비해 나오는 급여는 일정하니 통장에 모인 돈은 얼마 되지 않는 게 현실이지. 죽어라 아껴도 큰돈 모으기 힘든 상황에 창업하려니 알면 알수록 더 두렵기도 하고 말이야.

나도 명쾌한 답변을 주기 어렵지만 솔직히 말해서 자본은 많으면 많을수록 좋아. 물론 많은 자금이 성공을 보장해준다고 단정 짓진 못하지만 성공 확률을 높여줄 수 있다는 건 부정할 수 없는 사실이거든.

하지만 금수저를 물고 태어난 몇몇 사람들 빼고는 대부분 빠듯한 창업자금으로 시작할 수밖에 없으니 자금은 현실적인 관점에서 얘기해야 돼.

그렇다면 돈 없는 사람들은 카페를 창업하면 안 되냐고? 물론 아니지. 나도 처음엔 온통 대출로 채운 자금으로 시작했으니까. 지금부터 내 경험을 토대로 직설적으로 얘기해볼게.

현실적으로 국내에서 카페로 성공하기 위해 필요한 자금은 대략 1억 5천만 원 내외라고 할 수 있어. 물론 더 많으면 좋겠지만 1억 원 밑으로도 충분히 창업할 수 있어. 단지 장기적으로 성공할 수 있을 확률이 낮아지는 게 문제야.

내가 전제 조건을 얘기했잖아. 카페로 '성공'하기 위해 필요한 자금이라고. 그런데 왜 1억 5천만 원 정도냐고? 자, 그럼 하나하나 따져서 계산해보자고.

첫 번째로 에스프레소 머신, 그라인더, 냉장고, 냉동고 같은 장비 구입비가 있어. 성공을 전제로 했으니 매출이 꽤나 발생하는 상권이라고 가정하면 기능이 우수한 제품을 사야겠지? 이건 머신 구입 파트 때 자세히 자세히 설명할게.

고급 기종을 중심으로 구매한다면 전체 비용이 2천만 원에서 많게는 4천만 원도 넘어가. 나는 대략 2천만 원대 중반으로 구매했어.

그리고 인테리어비를 보자고. 대략 10평 정도의 테이크아웃 카페를 생각하면 인테리어, 익스테리어, 별도 공사(테라스, 간판, 증설 등)를 포함해서 2천만 원 후반에서 4천만 원까지 든다고 생각하면 돼.

다음으로 초도 비용, 마케팅, 홍보를 1천만 원 정도로 보자고. 그렇다면 평균적으로 6천~7천만 원 정도가 기본 예산으로 나가는 셈이야.

자, 그럼 남은 건 권리금, 보증금, 6개월 치 운영자금이 남아 있지. 권리금과 보증금은 상권과 위치에 따라 달라지는 건 알고 있지? 장사가 잘될 만한 곳은 비싸고 아닌 곳은 싼 게 자본주의의 논리잖아.

1억 5천만 원에서 6천~7천만 원을 빼면 8천~9천만 원이 남아. 이걸로 권리금, 보증금을 내야 하는 거야. 부동산에 가보면 알겠지만 좋은 상권에서는 권리금만 1억 원이 넘어가. 보증금도 마찬가지고.

자, 이제 왜 성공을 하기 위한 최소한의 금액이 1억 5천만 원인지 알겠지? 물론 우리 가맹점 중에는 총 소요 예산이 1억 2천만 원으로 정리된 곳도 있어. 이런 매장을 찾기란 여간 어려운 게 아니라서 예외로 치는 게 좋아.

여기서 명심해야 할 부분이 있어. 사실 자금을 넉넉하게 갖고 창업하는 경우가 드물기 때문에 가진 자금을 최대한 효율적으로 사용하자는 게 일반적인 생각이지. 그런데 나는 이 고정관념에서 조금 벗어나야 한다고 생각해.

전체적으로는 위의 생각과 크게 다르지 않지만, 내가 가진 자금으로 금융자산에 투자한다고 생각하고 얼마만큼의 목표 수익을 실현할 수 있는지 접근해야 해.

가진 돈이 적어서 목이 그다지 좋지 않은 곳에 작은 규모의 카페를 창업했다고 치자. 그렇다면 매출 목표를 낮추는 게 맞아.

투자금은 적은데 큰돈을 벌려는 허황된 꿈을 꾸고 있으니까 힘이 빠지는 거라고. 은행에 1억 5천만 원이란 돈을 맡기면 끽해야 1년에 이자 300만 원도 안 나오잖아? 그런 자금으로 창업했으니 목표 수익을 15%만 잡아도 충분하지. 큰 욕심을 가지고 시작하면 안 돼.

즉, 자금설계의 기본은 내가 창업자금을 얼마나 가지고 시작하는지 따지는 게 아니라 가진 자금으로 얼마의 목표 수익을 가질 수 있는지 설정하는 거야.

만약 목표 수익을 실현하기 어려운 자금이라면 아예 창업을 시도하지 않는 것이 좋아. 그저 창업하기 위해 돈을 끌어모으는 게 아니라 그 돈으로 성공할 수 있느냐 없느냐를 다시 한 번 생각해보라는 거지.

내가 위에서 제시한 1억 5천만 원이 절대적인 기준점이 되는 건 아니야. 그저 우리 크레이저커피 같은 테이크아웃형 카페처럼 목표 수익을 15~25%로 정하고 창업하는 경우에 그렇다는 거야. 아무튼 목표 수익을 먼저 생각하고 창업자금을 설계하는 게 올바른 순서라는 걸 명심하라고.

창업자금은 어떻게 만드는가

방금 읽은 창업자금 이야기 때문에 한숨이 나오지? 당신뿐만 아니라 다들 그래. 창업을 목전에 둔 상태에서 가장 큰 걸림돌이 자금 마련이지. 젊은 바리스타들이 독립을 하고 싶어도 못 하는 이유가 바로 부족한 자금이거든.

단순하게 계산해서 매달 100만 원씩 꼬박꼬박 적금을 넣는다 해도 1억이란 돈을 모으려면 거의 8년이란 시간이 걸리잖아. 사실 바리스타가 한 달에 적금을 100만 원씩이나 넣기도 힘드니 앞이 막막하게 느껴지는 거지.

오로지 자기자금으로만 해결하는 건 현실적으로 거의 불가능에 가까워. 그래서 이번에는 창업에 필요한 자금을 어떻게 만들 수 있는지 알아보려고 해.

자, 우선 출처를 기준으로 창업자금을 구분하면 '자기자금, 대출자금, 엔젤자금' 등 3가지로 구분할 수 있어. 그중 가장 중요한 게 자기자금이야.

'자기자금'이란 건 말 그대로 자신이 현재 보유하고 있는 자금을 말하는 거지. 예를 들면 은행 예금, 주식, 채권 등 언제든지 현금으로 전환할 수 있는 자기 보유 자금이야.

현실적으로 자기자금 100%로 창업할 수 있는 사람은 별로 없어. 그러니 자신의 능력이 좋지 않다고 스스로를 비하하거나 실망할 필요는 없어. 우리 사회에서는 금수저를 물고 태어난 사람보다 그렇지 않은 사람이 훨씬 많으니까.

어찌 됐든 자신이 보유하고 있는 자금이 얼마나 되는지 점검해봐. 우선 현금 혹은 예금이 얼마나 되는지 살펴보고 적금이 있다면 해약금은 얼마인지 알아봐. 만약 지인에게 빌려준 돈이 있으면 창업 시기에 맞춰서 회수할 수 있는지 꼼꼼히 점검하는 것도 중요해.

다음으로 '대출자금'이 있는데 이건 말 그대로 대출받아서 만든 자금이야. 이런 대출자금도 크게 보면 금융권 대출과 정부정책자금으로 나눌 수 있어.

먼저 금융권 대출로 보면 일반적으로 자신이 보유한 부동산을 담보로 하는 담보대출이나 자신의 신용도를 기준으로 받는 신용대출이 있어. 그리고 은행 등의 금융권에서 받는 대출 외에 소상공인시장진흥공단, 중소벤처기업진흥공단 등에서 제공하는 정부정책자금이 있지.

나 역시 은행보다 훨씬 낮은 금리가 적용되는 중소벤처기업진흥공단의 정책자금을 주로 활용하고 있어. 컨설팅을 할 때도 대출 조건이 훨씬 좋은 정부정책자금을 추천하는 편이지.

그런데 문제는 은행권 대출이든 정부정책자금이든 대출받는 사람의 신용도에 따라 대출한도나 이자율이 정해진다는 거야. 창업자의 신용도가 낮아서 대출이 안 되는 경우도 많아.

간혹 프랜차이즈 업체에서 대출을 지원해준다고 창업자를 꼬드기는데, 이걸 조심해야 돼. 그것도 결국 신용도를 기준으로 하는 거라 대출액이 그리 크지 않은 경우도 많거든.

무리하게 대출해준다 해도 금리가 높기 때문에 향후 이자 부담과 원금 상환 부담 때문에 카페 운영이 매우 힘들어질 수도 있으니 프랜차이즈 업체의 유혹에는 넘어가지 않는 것이 좋아.

그리고 마지막으로 '엔젤자금'이 있어. 내가 말하는 엔젤자금은 벤처에서 말하는 엔젤투자를 말하는 건 아니고 부모, 형제, 친인척 혹은 친구로부터 지원받는 자금을 말해. 아무런 조건 없이 그저 당신이 성공하기를 바라는 마음에 지원해주는 천사 같은 자금을 말하는 거야.

금융권이든 정부정책자금이든 이 엔젤자금보다 나은 게 있나 싶어. 다만 엔젤자금을 공짜로 얻는 거라 생각하지 말고 어떻게든 갚겠다는 생각을 가지고 있어야 해. 제대로 된 사람이라면 은혜를 받은 만큼 갚는 게 도리 아니겠어?

사실 창업자금의 종류라는 것이 그리 복잡하지는 않아. 자기자금, 대출자금, 엔젤자금의 총합을 구하면 창업자금이 되는 거야. 중요한 건 각 자금의 적정 비율이지.

상식적으로 생각해도 자기자금의 비율이 가장 높아야 할 것 같지 않아? 남의 돈을 끌어들여서 한다는 건 언젠가 갚아야 하는 상황이 온다는 거잖아. 사업에 실패하면 돈을 못 갚고, 결국 신용불량자가 되는 극한의 상황까지 갈 수도 있다고 생각하면 참 무서운 일이지.

그래서 다들 자기자금의 비율을 높이라고 하는 거야. 자기자금의 비율은 최소 60%를 넘어가야 한다는 걸 꼭 명심해야 해. 자기자금 비율이 60% 밑으로 떨어진다면 원금 상환이라든가 이자 부담이 커져서 향후 매장 운영에 지장을 주거든.

물론 나 역시 처음 창업할 때 거의 80%가 대출자금이었지만, 그땐 멋모르고 창업했던 때야. 운이 따라줘서 성공했지만,

지금 그렇게 창업한다고 가정하면 나도 성공을 장담할 수 없어. 그런고로 창업을 결심한다면 최대한 자기자금 비율을 높여야 한다는 걸 다시 한 번 명심하라고.

자금 조달 시 조심해야 할 점

창업자금을 조달하다 보면 예상치 못한 암초를 만나게 되는 경우가 있어. 회사에서 퇴직을 앞두고 창업을 준비하던 분이 있었는데 부동산 계약까지 끝나고 잔금을 치를 시기에 문제가 발생했어.

보유한 주식을 처분해서 계약 잔금을 치르려고 했는데, 잔금 시기 일주일 전부터 주식이 폭락하기 시작한 거야. 주식을 팔지도 못하고 그렇다고 계약을 파기할 수도 없는 상황이 발생하고 만 거지. 어쩔 수 없이 큰 손실을 감수하고 주식을 팔고, 모자란 돈은 인테리어 비용과 장비 비용을 낮춰서 겨우 메웠지.

물론 모든 일에 완벽할 수 없지만 조심해서 나쁠 건 없어. 그러니 조심해야 할 사항 몇 개만 짚고 넘어가자고.

우선 내가 보유한 자금에 관련된 얘기부터 할까? 가장 먼저 현금, 예금을 파악해봐. 현금이나 예금은 언제든지 빼서 쓸 수 있는 돈이라 문제될 게 없지만 보험이나 적금 같은 경우에는 해약금이란 게 있어서 잘 살펴봐야 돼.

은행에 가서 해약금이 얼마인지 정확하게 파악하는 게 좋아. 간혹 보험을 해약해서 자금을 마련하는 사람도 있는데 해약환급금이 정말 말도 안 되게 적어서 그리 추천하지는 않아.

반대로 은행 말고 지인에게 빌린 돈이 있는 경우에는 언제 갚아야 할지 정확하게 파악할 필요도 있어. 창업을 하려는데 지인이 돈을 돌려받기를 원한다면 자금 계획이 엉망이 될 수도 있잖아. 실제로 이런 경우를 봤는데 서로 감정이 많이 상해서 관계를 망치는 뻔한 결말로 치닫더라고.

다음으로는 대출에 관해 조심해야 할 점이 있어. 우선은 자기자금 외에 얼마가 더 필요한지 파악해야 해. 대부분 대출을 최대한도로 받으려고 하는데 이러면 향후 추가 자금이 필요한 경우에 대책이 없어.

그래서 창업자금 규모를 정확하게 파악한 후에 딱 필요한 만큼만 대출받는 게 가장 좋아. 다만 실제로는 내가 필요한 만큼 쉽게 대출받을 수 있는 게 아니라서 문제지.

현실 파악이 관건이야. 금융 상품마다 성격이 다르고, 창업자의 신용도나 거래 실적에 따라서 대출 조건이나 금리가 달라지거든. 그래서 금융기관을 방문하거나 온라인에서 파악할 수 있는 정보를 최대한 많이 살펴보고 대출 한도나 이자 및 조건을 따져보는 게 가장 중요해.

다시 말하지만 대출은 정말 신중하게 접근해야 해. 창업할 곳의 시장성, 매출액, 수익성을 추정해보고 이를 기반으로 손익계산서도 작성해야 돼. 그걸로 대출금의 이자 상환과 원리금 상환 등의 상환 가능성을 파악하는 게 최우선 과제야.

일반적으로 카페의 손익분기점을 빠르면 1년 전후로 보는데, 이때 원리금 상환이 이뤄지거나 매출이 오르지 않아서 이자 부담이 높아진다면 곧바로 매장 문을 닫아야 할지도 모르니 정말 신중해야 한다고.

그래서 대출만큼은 반드시 내가 안정적으로 갚을 수 있는 한도 내에서 정하는 게 카페를 장기적으로 운영하는 데 있어서 가장 좋은 방법이야. 창업 예산을 너무 높게 잡아서 대출 규모가 커지는 경우가 많아. 사업성이란 건 자금 규모가 아니라 계획에 따라 좌우되니까 대출에만 의지하지 않기를 바라.

정부정책자금을 활용하자

대출 방법은 다양해. 어떡하면 제일 저렴한 이자로 빌릴 수 있는가를 찾아보는 것이 대출 계획의 최우선 과제지.

은행 같은 금융권보다 저렴한 이자로 대출할 수 있는 방법이 있는데 의외로 사람들이 활용을 못하는 것 같아. 바로 정부에서 지원하는 정부정책자금이야.

정부정책자금은 대출 이자가 낮고 상환 기간도 길어서 조건이 좋은데, 자격 조건이 까다롭고 절차 또한 번거로워.

게다가 자금을 주관하는 기관별로 조건과 이율이 다르고 매년 지원정책이 달라지기 때문에 반드시 해당 기관으로 문의하거나 온라인에서 찾아보는 수고를 들여야 돼. 좋은 조건의 자금을 활용할 수 있다면 이 정도 수고는 당연히 감수해야 하는 것 아니겠어?

그리고 간혹 정부정책 지원사업이라는 명칭 때문에 무상으로 지원받을 수 있을 거라는 막연한 기대를 가진 사람들이 있는데 굉장히 큰 오해야.

다른 곳보다 낮은 금리와 좋은 조건으로 대출받을 수 있을 뿐이지, 무상지원은 절대 아니야. 다들 알다시피 세상에 공짜란 없는 법이거든.

포털에 근로복지공단, 한국여성경제인협회, 소상공인시장진흥공단, 서울신용보증재단 등을 검색하면 사이트가 나와. 들어가서 그대에게 도움을 줄 수 있는 정책을 찾는 건 어렵지 않지?

아무튼 정부정책자금이 번거롭다고 했는데 그중 대표적으로 어려운 부분이 바로 신청 서류를 작성하는 거야. 그런데 사실 생각만큼 어려운 것도 아니야. 해당 기관의 담당자에게 상담을 신청하면 쉽게 해결할 수 있거든.

요즘 관공서 공무원들은 민원 제기와 실적에 시달리기 때문에 정말 친절하게 상담해줘. 모르는 부분을 물어보면 이해할 때까지 상세하게 설명해주지.

그리고 예산을 소진하는 것도 실적이기 때문에 가급적 자금을 대출해주려고 하는 게 요즘 실정이야. 그러니 두려워하거나 소심하게 굴지 말고 바로 담당자에게 전화해서 상담 예약을 하도록!

창업자금의 분류 - 매장구입자금

지금껏 창업 컨설팅을 하면서 거의 1천 명 가까이 상담하지 않았나 싶어. 정말 말 그대로 돈이 남아돌아서 취미생활로 카페를 창업하고 싶은 사람도 있지만, 대다수의 사람은 생계형으로 카페 창업을 시작하지.

나도 그랬지만 대부분의 창업자들이 가진 돈은 약 1억 원 내외야. 사실 직장에 다니면서 1억 원을 모은다는 건 결코 쉬운일이 아니지. 나는 술이나 담배를 전혀 하지 않았는데도 자금모으기가 쉽지가 않더라고.

그런데 말이야. 우습게도 이 1억 원이란 돈은 창업 시장에서

매장구입자금

구분	내용	금액
건물신축	인/허가 비용, 설계비용 등	
부대공사	냉/난방, 전기, 통신, 상하수도 등	
건물매입	매입자금	
세금	취득세, 등록세 등	
부대시설	전/후방 관련 시설 등	
보증금	임차 보증금	
권리금	바닥권리금, 영업권리금 등	

는 많다면 많고 적다면 적은 금액이야. 죽을 둥 살 둥 모은 돈으로 창업에 달려들면 내가 가진 돈으로 도대체 뭘 제대로 할 수 있을까 자괴감이 들 만큼 지출이 많아.

그렇다고 너무 실망하지는 마. 창업자금이 어떻게 쓰이는지 알고, 줄일 항목과 늘릴 항목을 정확하게 구분해서 준비한다면 충분히 성공적으로 창업할 수 있으니까.

나는 창업자금을 크게 '매장구입자금, 시설자금, 그리고 운영자금'의 3가지 항목으로 구분하고 있어. 이 항목대로 표를 만들고 소요되는 비용을 대입하면 자금이 얼마나 필요한지 알게 될 거야.

십수 년 전만 해도 창업에 얼마가 들어가는지 상세 비용의 추정이 어려웠지만, 최근에는 인터넷으로 조금만 조사해도 정보를 찾을 수 있으니까 그리 어려울 것도 아니야. 그럼 이제부터 그 내용들을 알아보자고.

다만 건물신축이나 건물매입에 관한 비용은 여기서 다루지 않겠어. 대부분의 사람이 임대를 해야 하는 소상공인일 테니 권리금과 보증금에 관한 얘기만 하는 게 효율적이잖아.

실제로 매장 보증금과 권리금이 창업자금의 50~60% 정도로 큰 부분을 차지하고 있어. 강남역, 홍대, 가로수길 같은 1급 상권의 경우에는 창업자금의 70% 이상이 권리금과 보증금과 같은 매장임차비용에 들어가기도 해.

우선 보증금과 권리금에 대해 알아보자면 '보증금'은 매장을 소유하고 있는 건물주에게 임대 기간 동안 맡기는 돈이라고 보면 되고, '권리금'은 기존에 매장을 운영하고 있는 사람에게 주는 소멸성 비용이야.

보증금은 계약 종료 시 돌려받는 돈이라서 크게 개의치 않고 지불하는데, 권리금은 법으로 보장받지 못하는 돈이라 새로 들어가는 임차인과 기존 임차인이 권리금을 얼마나 주고받을지 다투는 상황이 벌어지지. 원래 세상 이치가 주는 사람은 덜 주고 싶고, 받는 사람은 더 받고 싶잖아.

아무튼 1억 원 내외의 창업자들은 매장임차비용을 대략 2천~3천만 원의 보증금에 3천~4천만 원 내외의 권리금으로 생각하는 게 좋아. 물론 상권(예를 들면 강남역에서는 대다수가 억대의 권리금)마다 다르겠지만 이 정도로 책정해야 나머지 시설자금이나 운영자금에 문제가 생기지 않을 거야.

창업자금의 분류 - 시설자금

시설자금은 매장을 운영하는 데 있어서 반드시 필요한 시설을 구입, 혹은 공사하는 데 들어가는 비용이야. 보통 인테리어나 기기 설비에 대해서만 생각하는 경우가 많은데 세부적으로 나누면 꽤나 많은 항목이 있지. 여기서 더 자세히 들어가면 좋겠지만 그러면 지면이 절대적으로 모자라.

그래서 반드시 알아야 할 항목들만 넣어봤어. 여기서 금액을 정확하게 알려줄 수 없는 이유는 매장 크기나 종류에 따라 각 항목들의 수량이나 단가가 달라지기 때문이야. 너무 천차만별이라 평균 금액조차 알려주기 어려워.

시설자금

구분	내용		금액
인테리어	내부공사	세부항목	
		목공공사	
		전기공사	
		바닥공사	
		주방설비공사	
		유리/금속공사	
		도장/필름공사	
	별도공사	철거공사	
		전기증설공사	
		소방공사	
		가스공사	
		테라스	
		내부 화장실	
		냉/난방 설비	
		폴딩도어	
	간판/사인물	내부 사인물/메뉴판	
		외부 간판	
		이미지 어닝	
가구설비	의자		
	테이블		
	소파		
기기설비	에스프레소 머신		
	그라인더		
	제빙기		
	냉장/냉동고		
	핫워터 디스펜서		
	블렌더		
	쇼케이스		
	빙삭기		
	정수필터		
초도집기비품	커피 관련 집기류		
	바 관련 집기류		
	매장 로고 비품		
	사무 비품		

다만 어떤 매장이든 반드시 필요한 항목들은 표에 다 있으니까 잘 체크하면서 인터넷으로 가격을 비교하면 돼.

시설자금은 일반적으로 회사의 고정자산이나 기타자산을 매입할 때 필요한 자금을 말하는 거야. 일반 회사라면 시설자금은 결국 회사의 자산으로 남아서 감가상각을 하는데, 자영업은 시설자금을 초기 투자비용으로 인식하는 경우가 많아.

왜냐하면 인테리어는 설비 후에 누구한테 팔 수 있는 것이 아니거든. 그래서 나중에 매장을 내놓을 때 권리금 안에 초기 투자비용 항목으로 집어넣는 경우가 많아.

그런데 사실 5년 정도 지나서 노후된 인테리어는 다시 손봐야 하는 거라 감가상각에 대한 인식을 가져야만 해. 인테리어뿐만 아니라 위에 언급한 모든 항목들은 해가 지날수록 감가상각 되는 시설비용이지.

그래서 노후된 시설이나 장비들은 향후 재투자를 해야 할 가능성도 있으니 빨리 손익분기점을 넘어서 재투자비용을 축적하는 단계까지 가는 것을 목표로 하라고.

창업자금의 분류 - 운영자금

운영자금은 크게 인건비, 임대료 및 관리비, 재료비 및 경비로
나눌 수 있어. 창업 초보자들이 창업 준비를 하다 보면 의외로
매장 구입비나 초기 시설자금으로 들어가는 비용이 크다는 걸
깨닫고 운영자금을 최대한 줄이는 경우가 상당히 많아.

　그런데 나는 운영자금이란 항목이 얼마나 중요한지 반드시
알아야 한다고 말해주고 싶어. 실제로 장사를 하는 데 있어서
운영자금의 규모에 성공 여부가 달렸다고 해도 과언이 아냐.
일반적으로 카페는 대략 총 예산의 15~20% 정도로 운영자금
을 확보하는 것이 좋다고 생각해.

운영자금

구분	내용	금액
인건비	기본급, 상여금, 인센티브 등	
임대료	월세	
관리비	건물 관리비	
제세공과금	전기세, 수도세 등 각종 공과금	
재료비	초도물품비, 커피, 우유, 각종 카페 부자재 등	
외주가공비	배너 디자인, 아웃소싱 수수료 등	
운반비	배송료, 택배비 등	
교통비	유류비, 차량 유지비, 대중교통비 등	
보험료	퇴직연금, 화재보험 등	
복리후생비	식대, 직원 4대보험 등	
소모품비	사무집기 등 소모품 비용	
기타경비	접대비, 도서비 등	
	합계	

운영자금 항목을 보면 위의 표처럼 꽤나 많은 항목이 있는데, 특히 임대료 항목을 주목해야 해. 임대료는 내가 상권분석을 하고 매장을 선택할 때 가장 중요시하는 항목 중 하나야.

임대료는 장기적인 관점에서 고려해야 할 항목인데 쉽게 설명하기 참 어려워. 임대료가 높은 곳은 어느 정도 목이 좋다고 평가된 건데 실제로는 목이 별로 좋지 않아서 과대평가되었다거나, 목은 좋은데 장사를 못해서 매출이 잘 나오지 않으면 임대료를 마련하느라 급급한 상황에 빠지기 쉽지.

게다가 계절적인 요인(대부분의 카페는 겨울에 매출 감소)이나 사회적인 요인(코로나19 같은 질병, 국가적인 재난 사태 등)으로 인해 매출이 급격하게 떨어지면 높은 임대료가 정말 큰 부담으로 다가와.

그래서 임대료가 높은 곳은 매출도 높을 거라는 기대감을 심어주기도 하지만, 향후 매장 운영에 있어서 가장 어렵고도 무서운 비용이 되기도 하는 거야.

나는 예상 매출이 크진 않지만 임대료가 낮은 곳을 매장 선택의 우선순위로 두고 있어. 또한 보증금과 임대료가 낮은 곳은 임대차보호법의 테두리 안에 들어가서 건물주의 횡포로부터 법적인 보호를 받을 수 있지.

운영자금 항목 중에서 인건비, 경비, 재료비 등은 매출이 나오지 않으면 언제든지 줄일 수 있는 비용이야. 그런데 임대료는 매달 고정적으로 나가는 비용이자 내가 조절할 수 있는 비용이 아니야.

심지어 계약 기간이 만료되고 건물주가 임대료를 10% 정도 올리면 임대료가 높을수록 인상폭도 크지. 물론 매출이 잘 나오면 무슨 문제가 있겠어? 매출이 만족스럽게 올라가지 않는 매장에게는 그 인상폭이 치명적으로 다가온다는 게 문제지.

아무튼 창업을 준비할 때 위에서 그토록 강조한 임대료와 나머지 인건비, 재료비, 기타 경비 등을 잘 고려해서 1년 동안 적자가 나더라도 버틸 수 있는 예비비를 준비해두는 게 좋아. 운영자금 표에 예산을 꼼꼼히 채우다 보면 운영자금의 규모를 알 수 있을 테고, 이에 따라 예비비를 얼마나 설정해야 하는지도 알 수 있을 거야.

당장 뭐부터 구비해야 할지 막막하다고? 카페는 여태 손님으로서 갔을 뿐, 창업하고 운영하는 건 처음이니까 머릿속이 백지 상태인 게 당연해. 자신감을 잃을 필요 없어. 기본적인 물품은 부록에 있는 초도물품 리스트에 적어뒀으니 참고하면 돼.

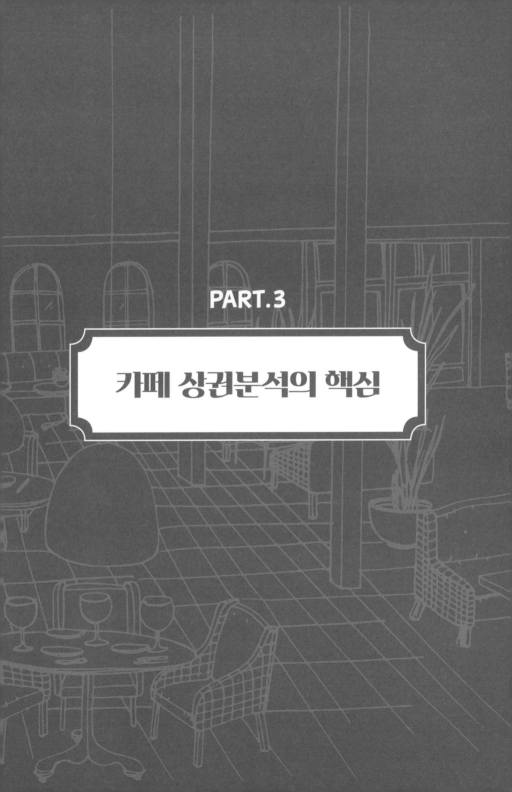

PART. 3

카페 상권분석의 핵심

입지선정의 출발

상권분석이란 말이 있어. 자영업의 출발을 상징하는 단어이기도 하지. 불과 15년 전만 해도 1급 상권이니 2급 상권이니 하면서 상권을 먼저 정하고 차후에 입지를 선정하는 게 정설로 받아들여졌어.

그런데 최근에는 중심상권에 대한 맹신이 거의 사라졌다는 걸 알아? 1급 상권과 같은 중심상권에 들어가기만 하면 매출이 어느 정도 보장되던 시절은 끝났다는 거야. 강남역 상권만 보더라도 프랜차이즈 본사에서 운영하던 직영점이 죄다 철수하는 모습을 종종 볼 수 있어.

요지는 무조건 1급 상권에서 해야 한다는 강박관념에서 벗어나란 거야. 물론 지금도 1급 상권 내에서 목 좋은 곳은 여전히 장사가 잘된다는 사실을 부정하진 않을게.

하지만 앞에서 설명했던 것처럼 임대료가 천정부지로 치솟고 매출이 상승폭만큼 받쳐주지 않을 때는 카페의 장기적인 생존이 어려운 상황에 빠지기도 하거든.

그래서 나는 입지선정에 대해 가급적 단순하게 출발하는 게 좋다고 판단하고 있어. 어차피 상권분석이라는 게 목 좋은 곳을 찾아다니는 건데, 그중에서도 소위 '가성비' 좋은 상권, 다시 말해 다소 저평가된 자리를 찾는 게 성공 유무에 있어서 가장 중요한 지점이야.

흔히 대중들에게 잘 알려진 중심상권들은 임대료나 권리금, 보증금이 높다 보니 보통은 들어가기 힘들잖아. 그러니 중심상권이 아닌 2~3급 상권 중에서 좀 더 괜찮은 자리를 찾는 게 훨씬 장기적인 그림을 완성시키기 좋겠지.

사실 잘 찾아보면 가성비 좋은 곳이 꽤 많아. 다들 발품은 안 팔고 그저 인터넷에서 알려주는 상권분석 툴이나 맵 등의 자료에만 의지하니까 지역 부동산들이 보유한 알짜 물건들을 발견하지 못하는 거야.

내가 추천하는 방법은 우선 자신이 가장 잘 아는 곳, 바로 자신의 주거지에서부터 점점 거리를 넓혀가면서 입지를 찾는 거야. 실례로 크레이저커피 외대점은 내가 사는 집에서 5분 거리야. 차로 이동한다면 2분 안에도 도착하는 곳이지.

20년째 이 동네에서 살다 보니 사람들의 동선이 어디로 흐르고 어디가 인구밀집지역이고 또 어떤 점포가 빛 좋은 개살구인지 훤히 꿰고 있어. 아마 한 동네에서 3년 정도만 살아도 어디가 장사하기 좋은 곳인지 쉽게 알 수 있을걸?

물론 다들 보는 눈이 비슷해서 해당 점포가 매물로 나오냐 안 나오냐는 그저 운에 맡길 수밖에 없어. 다만 운 좋게 그런 매장이 매물로 나오면 조금만 더 지켜보다가 바로 계약하면 돼.

자신의 주거지에서 가까운 곳을 찾아야 하는 또 다른 이유 중 하나가 출퇴근의 용이성에 있어. 아무리 장사가 잘된다고 해도 출퇴근에 시간을 쏟다 보면 몸이 지치거든.

장사가 아주 잘돼서 직원을 쓴다 해도 결국 주인이 없으면 매장이 엉망진창이 될 수 있으니 자리를 오래 비울 수도 없지. 결론적으로는 가급적 출퇴근 시간이 최대 1시간 이내인 위치에 점포 매물을 찾아보도록 해.

부동산과 친해지되 믿지는 마라

미디어에 나오는 많은 창업 전문가가 좋은 매물을 찾기 위해서는 부동산과 친해지라고 조언하지. 심지어 부동산 업체와 친해지지 않으면 좋은 매물을 얻기 힘들 거라는 말까지 하더라고. 나는 이 의견에 반만 동의하는 편이야.

난 사실 부동산 업체를 너무 믿지 말아야 한다고 생각해. 창업 초보자 시절에 중개인의 말만 믿고 덜컥 계약했다가 나중에 권리금을 과하게 준 사실을 알고 정말 분했던 적도 있거든.

부동산 업체에 대해 냉정하게 생각해야 돼. 경제적인 관점으로 봤을 때 점포 매매를 성사시켜서 수수료를 취하는 중개인의 입장에서는 사는 사람과 파는 사람 중 누가 이득을 볼지 손해를 볼지는 그리 중요하지 않아.

그저 거래 자체만 성사시키면 거래 수수료를 얻어가기 때문에 그때그때 상황에 따라 자신에게 이득이 되는 방향으로 움직이는 게 당연한 거 아니겠어?

보다 냉정하게 얘기하면 부동산 업체에게는 사는 사람보다는 파는 사람 쪽에 좀 더 무게 중심이 실리지 않을까? 왜냐하면 매물의 단점은 가능하면 숨기고, 장점은 다소 부풀려서 구매자에게 어필해야 거래 성사 가능성이 높아지는 거잖아. 그런 고로 부동산 업체의 말에 너무 현혹되면 안 된다는 거지.

그렇다고 해도 부동산 업체랑 너무 거리를 두는 것도 그리 좋지 않아. 자주 들려서 매물 정보에 대해 얘기하다 보면 괜찮은 목인데도 장사가 잘 안 되는 곳의 주인들에게 전화해서 매매를 유도하는 경우도 있거든. 좀 더 친해지면 유리한 방향으로 매매를 주도하긴 하는데 이건 상황에 따라 달라지니 뭐가 좋다고 딱 잘라 얘기하기는 어렵네.

내가 왜 부동산 업체를 무조건 믿으면 안 되는지 솔직하게 얘기해줄게. 아파트 매매 같은 일반 주택 거래는 주변 시세 대비 일정 부분 조율해서 거래가 이뤄지니 큰 변수가 많지 않아.

그런데 점포 매매는 권리금이라는 이름의 특이한 거래가 이뤄지지. 대부분 임차인 간의 거래로 진행되는데 여기에 중개인의 몫이 발생하는 거야.

흔히 '인정 작업'이라고 불리는 오래된 관행인데, 양해를 거쳐서 중개인이 매물을 내놓은 사람에게 일정 금액을 지급하고 초과된 거래금을 수수료 명목으로 가져가는 걸 말하지.

예를 들어 A라는 사람이 매물을 3천만 원에 내놨는데 부동산 중개인이 이를 5천만 원으로 상향해서 B라는 매수자와 거래를 성사시키면 5천만 원에서 3천만 원을 뺀 2천만 원의 수수료를 얻을 수 있는 거야.

거기다 중개 수수료까지 취하는 일거양득의 수익을 얻는 셈이지. 매수자를 얼마나 잘 홀리는지에 따라 그 이상의 금액을 가져갈 수도 있어.

이를 두고 사기인지 아닌지 의견이 분분하지만 자본주의 시장에서는 이를 명확하게 사기라고 할 수도 없다는 게 안타까운 일이야. 결국 거래 시세에 대한 정보가 부족하다 보니 중개인이 제시한 권리금이 적정한지 아닌지 판단하지 못한 그대의 잘못이 될 수밖에 없어. 냉정한 현실이지만 뭐든 아는 게 힘이야.

상권의 특성과 상권조사의 필수사항들

주변 상권을 조사할 때 우선적으로 해야 할 것이 바로 상권의 특성을 파악하는 거야. 다양한 이름의 신도시들은 메디컬 특구니 뭐니 하며 초기부터 목적에 맞도록 개발되기 때문에 최근에는 상권의 특성을 구별하기 다소 편해졌어.

물론 아직까지 특성이 모호한 상권들도 많지만 내가 이제부터 분류하는 기준처럼 몇 개의 큰 특성들로 나눠서 각 특성별로 상권조사 방법을 달리 하면 좀 더 효율적으로 정확한 결과를 얻을 수 있을 거야.

☕ 오피스 상권

오피스 상권은 직장인들이 밀집한 상권으로, 겉으로는 가장 장사가 잘되는 것처럼 보여. 물론 실제로 매출이 가장 많은 상권이라는 사실은 부정할 수 없지.

특히 점심시간에 여러 고층 빌딩에서 쏟아져 나온 직장인들이 식사를 마치고 주변 카페에서 줄을 서서 커피를 사가는 모습을 보고 있으면 너도나도 오피스 상권에 카페를 차리면 성공할 수 있겠다는 생각을 품게 돼.

하지만 오피스 상권의 특성을 자세히 들여다보면 확연한 장단점이 있다는 걸 알 수 있어. 우선 오피스 상권은 출근시간과 점심시간, 그리고 오후 브레이크 타임을 제외하면 매출이 그리 좋지 않아.

그리고 오피스 상권을 조사할 때 특별히 주의해야 할 점이 있어. 최근에 더 두드러진 현상이기도 한데, 인근 경쟁 카페들의 판매 가격대를 민감하게 봐야 해. 직장인들이 가격대에 그리 민감하지 않던 시절은 지나간 지 오래야.

물론 아직도 법인카드를 사용하는 사람들은 가격에 따라 이리저리 움직이지 않지만 요즘처럼 물가가 오르고 주머니 사정이 얄팍해지면 조금이라도 저렴한 곳으로 가버리거든.

그래도 직장인들은 학생들에 비하면 가격보다 입맛에 따라 카페를 선택하는 편이지만, 주변에 가성비 좋은 카페가 있으면 그쪽으로 몰리기 십상이야.

조사하고 있는 상권에 저가 카페가 많다면 각 카페를 이용하는 직장인의 비율과 숫자를 자세히 파악해보는 게 좋아.

이걸 파악하는 방법은 역시 단순무식한 방법, 즉 출근시간과 점심시간 내내 상권을 돌아다니면서 각 카페의 이용 현황을 일일이 체크하는 것이 최고야. 이렇게 카페를 이용하는 사람들의 수와 비율을 체크하고 난 후에 인근에 나온 매물의 임대료를 비교해보는 거야.

오피스 상권이라면 최소한 3일 내에 매출액이 임대료를 충당하고도 남을 만큼은 나와야 해. 오피스 상권은 임대료가 높기 때문에 매출이 부진하면 카페를 운영해도 이윤이 그리 크지 않거나 오히려 적자가 날 수도 있어.

오피스 상권들도 자세히 조사해보면 직장인들이 자주 다니는 길이 있고, 음식점들이 밀집한 지역이 있고, 또 메인 도로보다 약간 멀리 있는 이면 도로가 있어. 당연히 메인 도로나 음식점 밀집지역 같은 경우는 임대료가 비싸고, 이면 도로나 사람들이 잘 다니지 않는 길은 임대료가 비교적 저렴하겠지.

나는 오피스 상권을 조사할 때 사람들이 가격대, 맛, 품질을 고려해서 이 정도까지는 걸어오겠다는 거리를 설정해. 내가 직장인이라면 이 정도까지는 발품을 팔아서 커피나 기타 음료 등을 구매하러 올 것이라고 나름대로 판단을 내리는 거야.

그곳의 임대료는 같은 상권 내에 있는 점포들에 비해 그리 높지 않아. 그래서 매출 대비 임대료가 저렴한 곳을 찾으면 되는 거야.

하지만 여기서 반드시 명심해야 할 점은 내 카페의 콘텐츠가 직장인들을 끌어올 수 있을 만큼 충분히 매력적이어야 한다는 거야. 직장인들이 거기까지 가는 수고를 들일 만큼 좋은 곳인지 스스로 냉철하게 판단하는 것이 필수조건임을 명심해.

📷 학생 상권

대학 상권이나 학원가 학생들의 주머니 사정은 얇아. 지방이든 서울이든 마찬가지야. 다만 재밌게도 카페 음료 구매에 대한 니즈는 정말 강해.

과거에는 교내 커피 자판기에서 커피 한 잔씩 하던 게 문화였다면, 지금은 다들 테이크아웃 컵을 하나씩 들고 다니는 문화라고 할 수 있어.

학생들은 예나 지금이나 주머니 사정은 그리 넉넉하지 못한 형편이라 기본적으로 저렴한 가격을 선호해. 노량진 학원가에 가보면 1천 원짜리 아메리카노를 팔고 있는 카페가 한두 군데가 아닐 정도니 학생 상권의 특성이 대충 짐작 가지?

그런데 학생 상권은 좀 특이한 점이 있어. 저가를 선호하기도 하지만 제대로 입소문이 터진 매장에 대한 충성도가 보통이 아니야. 학생 상권에서 소문이 잘 나기만 하면 가격은 큰 문제가 되지 않는다는 거야.

물론 가격에 상응하는 서비스나 품질이 학생들을 만족시키니 인기가 좋겠지. 게다가 학생들은 학교에서 다소 떨어진 곳이나 인구가 밀집된 곳만 찾아다니는 게 아니라 어느 정도 걸어가야 하는 매장에 대해서도 그리 거부감이 없어. 다소 걷더라도 훌륭한 가게를 선호하는 편이지.

그래서 대학이나 학원가의 점포를 구할 때는 카페의 특성, 즉 테이크아웃형으로 해서 저렴하게 판매할 것이냐, 중소 규모 이상의 매장을 열어서 장소를 제공하는 카페의 형태로 갈 것이냐를 명확하게 선택해야 해.

단순히 임대료나 지리적인 요인보다는 학생들의 입에 회자될 수 있는 가격, 아이템 혹은 서비스를 제공하기에 용이한 점포를 찾는 게 좋다는 거지.

🥤 주택 상권

직장인들은 직장 생활에 스트레스가 쌓이면 보통 이런 생각을 하지. 회사 때려치고 동네에 조그만 카페나 차려서 맘 편하게 살까? 뭐, 이런 생각. 막연한 꿈이고 언젠가는 그리 살고 싶다는 소망에 불과하지만, 현실은 그리 녹록치 않아.

왜냐면 동네 카페일수록 규모가 중요하거든. 주택 상권은 대부분 가족 단위의 손님이나 자녀들을 학교로 보내고 난 후의 주부들이 주 고객층이야. 특히 요즘 신도시의 경우엔 신혼부부들이 많아서 젊은 주부층이 주 고객이지.

그런데 이런 주택 상권 중에서도 신도시 상권을 조사할 때 유의 깊게 봐야 할 점이 있어. 베드타운, 즉 대부분의 거주자가 서울이나 인근 도시에 있는 직장으로 출근해서 낮에는 유동인구 자체가 없는 지역이 다소 있거든. 그래서 낮 시간대의 유동인구에 대해 조사를 굉장히 꼼꼼히 해봐야 해.

주택 상권의 고객은 테이크아웃보다 앉아서 쉴 수 있는 공간을 선호해. 위에서 언급한 것처럼 대부분 가족 단위 손님이거나 주부들이 대상인데, 이들은 담소를 나누거나 휴식을 취할 수 있는 공간으로 카페를 이용하기 때문이야. 그래서 가급적 매장 규모가 최소 20평 이상 되는 곳을 찾아보는 것이 좋아.

매장 평수가 작아서 임대료도 낮을 테니 욕심내지 않고 작게 하겠다는 생각으로 카페를 오픈했다가는 손님이 별로 없는 상황을 겪을지도 몰라. 사람들이 어느 정도 편히 쉴 수 있는 공간을 제공하는 카페가 성공 확률이 높은 법이지.

의외로 주택 상권에는 규모에 비해 임대료가 낮은 곳이 꽤 있다는 걸 알아? 중심상권이 아니다 보니 임대료가 그리 높지 않은 거지. 자본주의 시장이라는 건 이렇게 수요와 공급의 법칙으로 굴러가는 거야.

중심상권에서 10평에 200만~300만 원의 임대료로 운영할 수 있는 카페가 주택 상권에서는 30평대로 시작해. 물론 장사라는 게 단순히 규모라든가 유동인구로 매출액을 예상할 수 있는 게 아니라서 단순하게 비교하기는 어려워.

어찌 됐건 예산을 투자해서 주택 상권에 어느 정도 규모가 있는 카페를 창업한다면 성공 확률이 꽤 높다고 할 수 있어. 용의 꼬리가 되느니 뱀의 머리가 되는 게 낫지.

경쟁자는 독인가, 약인가

국내 최대 숫자를 자랑하는 이디야의 점포 개발 방법 중 하나
가 바로 스타벅스 주변에 매장을 오픈하는 것이라고 알려졌지.
개인 카페 컨설팅을 할 때 나도 자주 사용하던 방법이야. 나 역
시 비슷한 맥락으로 이디야 주변에 매장을 오픈했거든.

　우선 이디야나 스타벅스가 있다는 건 기본적인 상권 형성이
됐다는 얘기니까 그곳에 뛰어들어서 시장 나눠먹기를 시작으
로 내 파이를 야금야금 키워나가는 게 기본적인 전략이야.

　그런데 여기서 초보 창업자들이 실수하는 게 있어. 프랜차
이즈 카페에게 이길 수 있는 강력한 콘텐츠를 가지고 싸움을

걸어야 해. 아무런 특색이 없는 평범한 카페로 덤벼들었다간 이기기는커녕 얼마 버티지도 못하고 망하고 말 거야.

스타벅스나 이디야는 카페 시장에서 골리앗과 같은 존재야. 쉽게 설명하자면 군대에 막 들어온 이등병이 소총 한 자루 들고 탱크 부대로 돌진하는 격이지. 아마 탱크에 흠집 하나 못 내고 전사하고 말 걸.

경쟁자가 있는 것이 좋냐, 없는 것이 좋냐란 질문은 생각보다 단순하지 않아. 사실 중심상권에 경쟁자들이 많다는 것은 카페 수만큼이나 잠재 고객도 많다는 걸 의미하기 때문에 그리 큰 문제가 되지 않아.

오히려 카페 시장 자체를 키울 수 있는 긍정적인 요인으로 생각할 여지가 있지. 하지만 중심상권이라도 경쟁자들이 과도하게 많은 상황이라든가, 고객이 한정적인 주택 상권이라면 시장에서 나눠먹을 것이 별로 없다는 것을 의미해.

창업 초보자들이 흔히 실수하는 부분 중 하나가 무조건 중심상권을 노린다는 거야. 일단 어마어마한 유동인구가 밀집되어 있으니 물고기 떼가 모여 있는 물가에서 그물만 대충 던지면 다 건져 올릴 수 있을 것 같은 착각을 주거든.

그런데 말이야, 중심상권은 자영업 선수들이 치열하게 눈치 작전을 펼치는 전쟁터라는 걸 알아? 그러다 보니 하루 매출을 어마어마하게 내는 국가대표급 선수들이 있는 반면 하루에 10만 원도 벌지 못하는 매장들도 허다해.

중심상권에서 하루에 10만 원도 못 번다니까 거짓말하는 것 같지? 믿기지 않겠지만 강남 한복판에도 그런 곳들이 있어. 초보 창업자들은 이런 이면을 잘 모른 채 불구덩이 속으로 마구 뛰어들더라고.

중심상권에 카페를 열려면 입지도 좋아야 하고, 그만한 자본도 있어야 하며, 그에 상응하는 기술적인 부분이 충족되어야 해. 그렇지 않으면 절대로 중심상권에서 경쟁자들을 이길 수 없어. 차라리 같은 자본과 콘텐츠를 가지고 경쟁자들이 비교적 적은 상권에서 승부하는 걸 권하겠어.

결론적으로 나는 경쟁자가 조금이라도 적은 게 좋다고 봐. 내가 절대강자가 될 수 없다면 고객이 한정된 시장에서 내 몫이 적을 건 뻔하잖아. 이 책을 보고 있는 창업 초보자들이 과연 스타벅스나 그 상권에서 주도권을 잡고 있는 카페들과의 경쟁에서 이길 만한 자본이나 콘텐츠를 가지고 있을까?

장담하건데 카페 운영 10년 정도의 경력이 아니라면 절대 그런 콘텐츠를 만들 수 없어. 이전 장에서도 말했지? 용의 꼬리보다는 뱀의 머리가 되는 게 훨씬 낫다고! 장사라는 건 동네에서 짱 먹는 게 최고야.

권리계약, 특약을 내 편으로 만들어라

권리금이라고 하면 흔히들 우리나라에만 있는 독특한 형태의 임차권 매매 비용이라고 말하지. 그런데 사실 해외에도 이름만 다르지 영업 가치에 대한 매매 비용이 있어. 심지어 해외에서는 이러한 권리금이 법적으로 보장되기도 해.

최근 권리금의 폐해에 대한 이슈가 많다 보니 법률상으로 권리금을 어느 정도 보장해주기 위한 움직임이 국회에서도 일어나고 있어. 물론 아직도 현실을 반영하기엔 미흡한 부분들이 많지만, 작은 움직임부터 시작하면 앞으로 많은 부분이 개선될 거라고 생각해.

어쨌거나 국내에서는 점포의 임대차계약을 하기 전에 반드시 권리계약을 먼저 해야 돼. 물론 빈 상가나 권리금이 없는 점포도 있지만 일반적인 상황에서는 소액이나마 권리금이 있으니까 말이야.

그런데 대부분 권리금에 대한 얘기만 들어봤지 실제로 계약을 해본 일이 없다 보니 조심해야 할 부분에 대해서 자기 목소리를 내지 못한다거나, 그저 부동산 중개인의 말만 믿고 계약을 해버리는 경우가 많아.

위에서 언급한 것처럼 아직도 국내에서는 법적으로 보장받지 못하는 돈이기 때문에 더욱 조심해서 따져봐야 하는 항목인데도 너무 몰라. 그러니 계약 시 어떤 조건을 명기하고, 어떤 절차를 거쳐서 계약해야 하는지 지금부터 설명해줄게.

첫째, 권리계약을 해도 반드시 임대차계약으로 이어지지 않는다는 걸 명심해. 권리계약은 기존 임차인과의 계약이지 건물주와의 계약은 아니거든.

그래서 권리계약이 이뤄졌다 한들 건물주와 임대료나 여러 조건을 협상하는 과정에서 문제가 발생하거나 조건이 너무 불합리하면 실제 임대차계약에서 깨지는 경우가 심심치 않게 발생해. 조물주 위에 건물주라는 말이 있듯이 콧대 높은 건물주가 많아서 이런 상황이 비일비재하지.

이럴 때를 대비해서 특약에 임대차계약이 성사되지 않으면 위약금 없이 권리계약을 없던 걸로 하자는 조건을 반드시 삽입해야 해. 따지고 보면 무효가 되는 게 당연한 얘기지만, 현실에서는 돈을 돌려주지 않는 못된 사람들이 있기 때문에 반드시 놓치지 말아야 할 조항이지.

둘째, 권리금 안에는 시설 장비가 포함되어 있으니 이 시설에 대한 권리 유무를 명확하게 기재해야 해. 알다시피 권리금은 매장의 유·무형 자산을 사고파는 거야. 그중에서도 카페 장비는 굉장히 큰 자산 중 하나야.

의외로 에스프레소 머신을 비롯한 카페 장비들이 꽤나 고가이기 때문에 기존 주인이 권리계약 이후에 몰래 빼돌려서 팔아버리거나 가져가는 경우도 흔히 있어.

그래서 주요 품목 리스트를 반드시 작성해야 해. 자잘한 소모품까지 자세하게 적을 필요는 없지만 에스프레소 머신이나 냉장고, 제빙기와 같은 기본적인 카페 장비에 대해서는 반드시 꼼꼼하게 기록해야겠지.

반대로 정수기나 포스기 같은 렌탈 장비는 기존 주인이 책임지도록 계약해야 해. 굳이 계약 기간을 승계해서 중고제품을 사용할 이유는 없잖아? 똑같이 렌탈하더라도 새 제품을 사용하는 게 낫지.

셋째, 임대료 상승분에 대해서 보장받을 수 있도록 명기해야 해. 분명히 점포를 볼 때는 월 100만 원의 임대료라고 했는데 계약 당일 건물주가 10만 원을 올려서 계약하겠다고 말하는 경우가 한두 번이 아니야.

보통 기존 임차인한테 먼저 말하는데 부동산 중개인한테 미리 얘기하는 경우도 있고, 건물주가 즉흥적으로 얘기하는 경우도 있어서 참 애매해. 건물주가 임대료를 조금 올렸다고 무조건 그 자리를 박차고 나오기도 뭐한 경우가 꽤나 있어서 미리 대비해두는 게 좋아.

그래서 보통 권리계약 시 임대료를 10% 이하로 인상한다면 계약이 유효하고, 10% 넘게 인상한다면 무효로 한다거나 상승분에 대한 1년 치 임대료를 권리금에서 제한다는 내용을 넣어.

솔직히 점포 임대차계약을 할 때 가장 중요한 부분 중 하나가 임대료인데 예상치 못하게 임대료가 상승하면 계약을 다시 고려하는 게 정상이잖아. 그래서 이런 부분까지 꼼꼼하게 특약에 넣는 것이 좋다는 얘기지.

넷째, 영업신고증 등은 양수양도하는 게 나아. 휴게음식점에서 일반음식점으로 용도 변경한다거나 완전히 다른 업종의 점포를 인수하는 경우를 제외하고는 기존의 영업신고증 등은 양수양도하는 게 편해.

물론 비용적으로도 적게나마 절약되지. 휴게음식점이든 일반음식점이든 카페를 창업하는 데 그리 어려운 절차가 있는 건 아니지만, 이미 허가받은 부분을 그대로 양수양도하는 게 훨씬 편하잖아?

양수양도의 경우는 매도자가 해당 구청으로 동행해야 하기 때문에 권리계약 시 반드시 협조해야 한다는 문구를 삽입하도록 해. 안 그러면 곤란해질 수도 있지.

마지막으로 점포를 양도받는 날을 기준으로 모든 임대료나 각종 세금을 확실히 정산해야 한다는 조항도 넣어야 해. 이건 부동산 중개인이 잘 알아서 처리해주는 부분이지만, 좋은 게 좋은 거라고 미리 챙겨서 특약에 넣어두는 게 마음 편해.

특히 수도세 같은 경우는 2개월 단위로 나오는데, 인수 후에 갑자기 고지서가 날아오면 꽤나 당혹스럽지 않겠어? 그래서 점포를 양도받는 날짜를 기준으로 각 행정기관에 전화해서 세금 납부 여부를 확인한 뒤에 정산받는 게 좋아.

부동산 계약, 반드시 알아야 할 것들

권리계약 이후에 진행되는 것이 점포의 임대차계약이야. 사실 권리계약 이전부터 함께 고려해야 하는데, 권리계약이 국내에서 워낙 유별나게 취급되고, 조심해야 할 사안이라 먼저 설명했을 뿐이니 임대차계약도 잘 알아둬야 해.

지금부터는 부동산 계약 그 자체에서 조심해야 할 것들에 대한 내용이야. 어떤 계약이든 부동산 업체를 믿고 서류에 사인하겠지만, 서류에 사인하는 순간부터 발생하는 모든 문제의 책임은 자신한테 있기 때문에 정말 신중을 기해야 한다고.

📖 건물주를 파악하자

요즘엔 조물주 위에 건물주가 있다고 표현할 정도로 건물주의 위세가 대단해. 상가임대차보호법이란 것이 영세소상공인을 위한다고 만들어졌는데 아직 허술하기 짝이 없거든.

세상에 좋은 인성을 가진 건물주만 있으면 좋겠지만 상가임대차보호법을 교묘하게 이용하는 악덕 건물주도 있어서 건물주가 어떤 사람인지 잘 파악해야 해.

부동산 중개인과 만나는 자리에서는 모두가 착해 보이지만 열 길 물 속은 알아도 한 길 사람 속은 모른다고, 어떻게 몇 번 보고 사람을 판단할 수 있겠어?

하지만 요즘 세상은 굳이 만나보지 않아도 어느 정도 알 수 있는 방법이란 게 있지. 보통 악덕 건물주들의 점포는 길게 가지 못하고 짧은 주기, 즉 2년 이내로 매장이 자주 바뀐다는 특성이 있어.

왜냐고? 악덕 건물주들의 잦은 임대료 인상 요구 혹은 말도 안 되는 트집으로 인한 트러블 등으로 임차인들이 견디지 못하고 나가는 경우가 많거든.

또는 일부러 말도 안 되는 임대료 인상을 요구해서 임차인을 나가게 만들고, 다음에 오는 임차인으로부터 권리금을 챙기는 나쁜 족속들도 있어. 빈 상가인데 권리금을 요구하는 건물주는 대부분 이런 부류니까 이런 점포는 가급적 계약하지 않는 게 좋아.

어떻게 매장이 자주 바뀌는지 알 수 있냐고? 우선 인근 부동산에 다니면서 건물주에 대한 정보를 얻는 게 제일 빨라. 그런데 앞서 말했다시피 부동산 중개인들도 계약을 해야 먹고 사니까 제대로 알려주지 않는 경우도 허다해.

하지만 너무 실망하지 말라고. 이럴 때는 인터넷 지도 서비스를 이용하면 되니까. 인터넷 지도 서비스는 주기적으로 업데이트를 하기 때문에 매년 혹은 아무리 늦어도 격년으로 해당 주소의 사진을 확인할 수 있어.

📇 등기부등본을 확인하자

등기부등본 확인은 필수 중에 필수야. 건물에 대한 모든 권리관계에 대해 설명한 증명서 같은 거지. 등기부등본을 제대로 볼 수 있어야 계약할 점포에 대해 이해할 수 있어.

우선 등기부는 '표제부, 갑구, 을구'로 구분되어 있지. '표제부'는 한 마디로 그 건물에 대한 표시인데 건물의 소재, 번지,

가옥 번호가 있어. 그리고 주택인지, 사무실인지, 목조 건물인지, 콘크리트 건물인지, 면적은 얼마인지 기재되어 있어.

'갑구'는 순위 번호를 통해 등기 순서를 나타내지. 즉, 최종 번호에 기재된 사람이 현재 소유자야. 언제 소유권이 이전됐으며, 매매인지 상속인지 등의 이유가 표시되지. 또한 사항란을 통해 저당권, 임차권, 지상권 등 부동산 소유자 이외에 은행 같은 권리 관계자에 대해 표시하지.

특히 저당이나 담보 등의 권리가액이 건물 가치에 비해 지나치게 높을 때는 해당 건물의 점포와 계약하는 걸 조심해야 해. 자칫하다 건물이 경매에 넘어가면 땡전 한 푼 못 건지고 길거리로 쫓겨날 수 있다는 거 잘 알지?

추가적으로 조심해야 하는 건 등기부등본에 기재된 소유자와 부동산 중개인이 건물주랍시고 소개해준 사람의 일치 여부야. 가짜 건물주가 사기치는 사건들이 심심치 않게 뉴스에 나오는 건 알지? 등기부등본과 건물주 신분증 확인은 필수야!

🪧 도시계획확인원과 건축물대장

입지나 상권, 계약 관계만 명확하다고 해서 모든 게 끝난 건 아니야. 마지막으로 건축물대장과 도시계획확인원을 발급받아서 해당 점포의 용도와 개발 계획을 반드시 확인해야 해.

실제로 건물의 용도가 업무용이나 주거용으로 된 곳에 카페를 계약한 사람들이 많아. 카페를 운영하려면 근린생활시설 1종 혹은 2종이어야 하거든. 주택이나 사무실로 된 점포는 반드시 용도 변경을 해야 해. 이건 직접 신청하는 게 아니라 건물주가 해야 해서 건물주 동의 없이는 진행할 수 없어.

그리고 마지막으로 반드시 도시계획확인원을 열람해서 자신이 입주하려는 곳이 재개발 지역에 포함됐는지, 향후 역세권으로 개발될 예정인지 등을 파악해봐야 해. 부정적인 계획이 있으면 피하고, 긍정적인 계획이 있으면 계약하는 게 좋겠지?

상가임대차보호법이란 부동산 임대차계약 중 발생할 수 있는 임차인의 불이익을 줄이기 위해 존재하는 법안이야.

환산보증금이 일정 금액을 초과하지 않는 상가 부동산 임대차계약의 경우, 민법이 아니라 상가임대차보호법을 통해 권리를 보장받을 수 있어.

대부분 보증금이라는 용어에는 익숙하지만 환산보증금이라는 단어는 처음 들어볼 거야. 환산보증금은 보증금 외에 월세를 지급하는 계약에 적용되는데, 월세에 100을 곱한 뒤 보증금을 더하면 환산보증금이 나와.

예를 들어 보증금 5천만 원에 월세가 400만 원인 경우는 $(400 \times 100) + 5,000 = 45,000$, 즉 4억 5천만 원이 환산보증금이라는 얘기야.

그러나 건물주의 과도한 임대료 인상에 대해 법적으로 싸우다 패소하고, 강제 철거에 저항하다 결국은 쫓겨난 자영업자가 망치를 들고 건물주를 찾아가 폭력을 행사한 사건을 보면 상가임대차보호법은 여전히 자영업자들의 권리를 안전하게 보호해주지 못한다는 걸 알 수가 있어.

물론 자본주의 사회에서 자신의 재산에 대해 권리를 행사하

지역별 상가임대차법 적용 환산보증금 범위

지역	환산보증금 기준
서울특별시	9억 원 이하
부산광역시 및 과밀억제권역 (서울 제외)	6억 9천만 원 이하
광역시(부산/과밀억제권역/군(郡) 지역 제외), 경기 안산시, 용인시, 김포시, 광주시, 파주시, 화성시, 세종특별자치시	5억 4천만 원 이하
제주특별자치도 및 기타 지역	3억 7천만 원 이하

환산보증금=보증금+(월세×100)

는 건물주를 두고 무작정 나쁘다고 하기는 어렵지. 그래서 우리는 상가임대차보호법을 정확하게 이해하고 법에 의해 권리를 보장받을 수 있는 상가를 임대하려는 거야.

그러기 위해서는 상가임대차보호법이 무엇인지 정확히 이해하고 어떻게 적용되는지 알아야겠지. 지금부터 차근차근 알아보도록 하자.

상가임대차보호법의 주의점

상가임대차보호법에서 인정한 권리를 적용받기 위해 단순히 환산보증금의 범위 안에 들어오는 임대차계약을 하면 된다고 생각해서는 안 돼.

임대차계약이 끝난 후 해당 상가를 인도받고, 사업자등록증을 신청한 다음 날부터 법적 효력이 발생하기 때문이야.

이걸로도 완전히 끝난 건 아니야. 더 정확히는 우선변제권을 인정받기 위해 상가건물 소재지의 관할 세무서에 가서 확정일자를 받아야 해. 상가건물 소재지, 확정일자 부여일, 차임 및 보증금 등을 기재한 확정일자부를 작성해야 최종적으로 우선

변제권을 인정받을 수 있어.

만약 환산보증금이 법에서 보장하는 범위를 초과한다면 확정일자부 날인이 허용되지 않기 때문에 이런 경우에는 전세권 설정을 활용해야 해.

📷 임대차기간 및 계약갱신요구권

대부분의 상가는 1~2년 동안 임대차계약을 맺어. 그래서 계약 기간이 끝나면 건물주가 임대료 인상을 요구하거나 계약을 종료하지. 이 상황에서 임차인을 보호하기 위해 상가임대차보호법이 있는 거야.

보통 임대차계약이 끝나기 전 6개월에서 1개월 사이에 임차인은 계약갱신 요구를 할 수 있고, 건물주는 정당한 사유 없이 임차인의 요구를 거절할 수 없어.

여기서 정당한 사유는 연체하거나, 부정임차하거나, 임대인이 합의하에 임차인에게 상당한 보상을 제공한 경우나, 임차인이 전대한 경우나, 임차한 건물의 전부 혹은 일부를 파손한 경우나, 임차한 건물의 전부 혹은 일부가 멸실되거나, 임대인이 건물의 전부 또는 대부분을 철거하거나 재건축할 경우나, 그밖에 임차인이 임차인의 의무를 현저히 위반한 경우 등 8가지 사유가 있어. 여기에 해당하지 않으면 건물주가 계약갱신을 거부할 수 없지.

또한 임대료를 인상한다고 해도 차임 또는 보증금의 5%를 초과하지 못한다는 것이 임대차보호법의 내용이야. 다만 여기에는 최초의 임대차기간을 포함해 전체 기간이 10년을 초과하지 않는 범위 안에서만 요구할 수 있다는 문제가 있어.

🥤 권리금의 회수 보호

권리금은 우리나라 임대차계약에서 빠질 수 없는 독특한 시스템이야. 그래서 2015년에 상가임대차보호법을 개정할 때 권리금의 정의를 내리고 권리금을 회수할 기회를 보호하기 위한 조항을 신설했어.

임대인은 임대차기간이 끝나기 3개월 전부터 임대차계약 종료 시까지 권리금 계약을 방해해서는 안 된다는 내용이야.

다만 신규 임차인이 보증금 또는 차임을 지급할 능력이 없는 경우, 신규 임차인이 의무를 위반할 우려가 있는 경우, 임차인이 1년 6개월 이상 영리목적으로 사용하지 않은 경우, 임대인이 선택한 신규 임차인이 임차인과 권리금 계약을 체결하고 권리금을 지급한 경우에는 계약을 막을 수 있다는 조항도 있다는 것을 명심해야 해.

혹시 신규 임차인과 권리금 계약을 진행하는 도중 건물주로부터 방해를 받고 쫓겨난 경우는 임대차계약이 종료된 날로부터 3년 이내에 손해배상을 청구해야만 권리금을 보전받을 수 있어. 이때 손해배상액은 신규 임차인이 지급하기로 했던 금액과 임대차계약 종료 당시의 권리금 중 낮은 금액을 청구할 수 있다는 것도 명심하는 게 좋겠지.

권리금 보호에 대한 예외 사항도 있어. '유통산업발전법에 따른 대규모점포 혹은 준대규모점포의 일부'인 경우나 임대차 목적물인 상가건물이 '국유재산법에 따른 국유재산 또는 공유재산 및 물품관리법에 따른 공유재산'일 경우는 권리금 보호가 적용되지 않는다는 것도 명심해야 해.

일단 상가임대차보호법에서 중요한 사항만 나열해 보았어. 이 정도만 알아도 크게 문제될 건 없지만, 더 자세한 내용을 알고 싶다면 국가법령정보센터(www.law.go.kr)에 들어가서 임대차보호법 시행령에 대해 찾아보면 구체적인 정보를 알 수 있으니 참고하길 바라.

확인 못 하면 돈 나가는 사항들

요즘은 창고형 카페가 유행이더라고. 팩토리 카페라고도 하는데 빈티지한 느낌과 높은 층고에서 느껴지는 확 트인 개방감이 좋아서 최근 카페 창업자들이 선호하고 있는 형태야. 그래서 일부러 창고 건물을 찾는 사람들이 늘어났지.

얼마 전 한 후배 녀석도 창고 건물을 계약해서 카페를 준비한다는 거야. 얘기를 들어보니 이미 인테리어를 시작했더라고. 그런데 아니나 다를까 사고가 터졌어.

인테리어가 거의 끝나갈 즈음에 영업신고증을 받으려고 구청에 갔더니 정화조 용량이 모자라서 발급받을 수 없다는 거야. 창고 건물은 대부분 정화조 용량이 작거든.

정화조 같은 경우는 설치비만 거의 1천만 원이 넘어가거든. 근데 건물주가 정화조를 왜 자기가 해주냐며 나 몰라라 하니 어쩔 수 없이 자기 돈으로 정화조를 추가로 설치해야 했지.

사실 너무 당연한 얘기인데 창업 초보자들은 정화조 용량이라는 게 있는지 잘 모르는 경우가 대부분이야. 정화조 용량을 확인하지 않아서 큰돈이 들어가는 경우가 꽤 많으니 반드시 체크해야 해.

이전에 일반 음식점이나 휴게 음식점 등의 동종 업종이 있었으면 정화조 용량이 모자랄 일은 없겠지만, 혹시나 모르니까 한 번 더 체크하는 것이 좋아. 정화조 용량을 계산하는 법은 따로 있는데 굳이 알 필요는 없어. 그냥 해당 시군구청 청소과에 문의해서 주소만 불러주면 바로 알려주거든.

그리고 팩토리형 카페와 더불어 로스터리 카페도 유행이지. 원가도 절감하고(실제로 원가 절감은 크지 않지만) 자신의 개성을 살리기 위해서 로스팅을 직접 하려는 사람이 많아졌거든.

그런데 로스팅 머신을 사용할 때 열원을 어디에 두느냐에 따라 매장 설비에 대한 생각을 한 번 더 해야 돼. 물론 전기가 열원인 로스팅 머신도 있지만, 화력을 조절하기 쉽고 화력이 세다는 장점 때문에 가스를 열원으로 하는 로스팅 머신이 다수라서 이에 대한 설비를 꼼꼼하게 챙겨야 돼.

LPG를 열원으로 한다면 LPG 배달 업체에서 무료로 설치해주거나 10만~20만 원 정도의 설치비만 지불하면 돼. 그런데 LNG, 즉 도시가스를 열원으로 한다면 도시가스 설치 유무를 잘 따져야 돼.

나 역시도 예전에 공장 겸 사무실로 쓸 점포를 계약하기 직전에 도시가스가 설치되지 않은 걸 알고 계약을 파기했던 적이 있어. 물론 위치가 좋아서 도시가스를 설치하면 좋았겠지만, 굳이 거금을 들여서 설치할 필요가 있냐는 거지.

마지막으로 전기 증설에 대한 부분이야. 계약전력이라는 용어를 잘 알아야 해. '계약전력'이란 한전과 계약해서 매장 내에서 사용하는 기본 전력량을 정하는 거야.

계약전력 1KW는 1,000w를 하루 15시간으로 계산해서 30일 동안 사용한다는 뜻이야. 예를 들어 계약전력 10KW는 10kw×15×30=4,500kw를 사용할 수 있어. 즉, 한 달 동안 4,500kw까지는 계약전력으로 계산해서 전기요금이 청구된다는 거고, 4,500kw를 넘을 시에는 추가 사용량에 대해 1.5~2.5배의 누진세를 부과하는 거지. 그래서 계약전력을 잘 선택해야 해.

보통 카페의 경우는 10~20KW를 사용하는데 너무 높게 신청하는 것도 쓸데없이 비용을 내는 짓이고, 너무 낮게 신청하면 누진세를 낼 수 있으니 알맞게 설정하는 게 좋아.

추가 증설을 할 때마다 1kw당 한전에 내는 불입금 7만 원, 시공비 8만 원으로 총 15만 원의 비용이 들어가거든. 5kw만 증설해도 거의 100만 원의 돈이 추가되는 셈이니 주의하라고.

인테리어 업체에서는 보통 순간전력이 가동되는 걸 감안해서 최대로 증설하려고 하는데 위에서 언급한 대로 10~20KW 정도면 카페를 운영하는 데 전혀 지장이 없어. 물론 대형 카페라서 각종 장비가 많이 들어간다면 거기에 맞게 증설해야 하겠지만, 일반적인 카페에서는 20KW를 넘기기 힘들어.

그리고 평균적으로 쓰는 전력량을 확인하고 난 뒤에 계약전력이 너무 높아서 비용이 낭비된다 싶으면 한전에 전화해서 용량을 낮춰 달라고 하면 돼.

예를 들어 많은 카페가 계약하는 용량인 10KW로 시작한다 해도 몇 개월 동안 고지서에 나온 전력량이 평균 2,500~3,000kw 정도라면 한전에 전화해서 계약전력을 7KW로 낮추고 싶다고 하면 돼. 그러면 기본요금이 몇 만원씩 떨어지는 효과를 얻을 수 있어.

PART. 4

카페 인테리어의 모든 것

인테리어는 기능일까, 이미지일까?

카페를 자주 방문하는 사람들의 입에서 자주 나오는 문구들이 있어. '이 집은 인테리어가 멋져', '이 집은 뭔가 촌스러운 것 같아', '이 카페는 노출형 콘셉트로 했네' 등이 그 예시야.

이게 바로 인테리어에 대한 감상평이라는 거야. 뭇사람들은 커피도 아니고 인테리어가 카페 성공의 성패를 가른다고 할 정도로 중요한 요소지.

자, 그런데 인테리어는 도대체 어떻게 해야 좋은 걸까? 사람마다 가진 생각과 느낌이 달라서 어떤 이에게는 최고의 인테리어가 다른 이에게는 최악의 인테리어로 평가될 수 있잖아.

그래서 도대체 인테리어를 어떻게 해야 좋을지 의문이 생기는 거지. 사람들이 흔히 생각하는 기준을 말하자면 멋진 이미지, 효율적인 공간 구성, 최적의 동선 확보 등 열거할 수 있는 몇 가지 조건이 있어.

누군가는 기능이 우선이며 이미지는 그 다음이라고 말하기도 할 테고, 반대로 이미지가 기능보다 우선이라는 사람도 있을 테지. 다 맞는 말이야.

하지만 이 모든 것을 아울러서 정의하자면 인테리어의 핵심적인 목적은 바로 '매출 증대'라고 단언할 수 있어.

멋내기에만 신경 쓰다가 정작 음료 제조 작업 동선은 불편한 인테리어를 해버리는 경우가 생각보다 많거든. 일단 카페를 포함한 음식점은 바의 위치와 크기, 홀과 테이블 공간 배치, 창고 공간의 위치 등을 우선적으로 고려해야 배치를 효율적으로 할 수 있어.

그리고 난 뒤 이미지 작업에 들어가는 게 좋지. 물론 그대가 카페 창업의 고수라면 이런 것들을 동시다발적으로 생각할 수 있어. 하지만 당신들은 초보자잖아. 그러니 조급하게 생각하지 말고 순서를 따라서 차근차근 움직이라고.

📇 공간 구성을 효율적으로 하라

공간 구성은 우선 바, 창고, 홀 등의 영역별로 위치를 정하고 공간의 넓이를 적절하게 나누는 걸로 시작해야 돼. 음식점은 계산대까지 포함해서 공간을 구성해야 하지만 카페는 일반적으로 포스기 같은 계산대가 바에 위치하기 때문에 별도의 구역을 정할 필요는 없어.

대신 바를 카운터와 작업대의 영역으로 나눠서 공간을 구성해야 하지. 어떻게 보면 작은 면적에서 최대의 효율을 낼 수 있는 동선으로 짜야 하기 때문에 음식점보다 카페의 바 구성이 더 어려울 수도 있어.

나는 각 영역별로 위치를 정할 때 바의 위치를 가장 먼저 정해. 건물 자체에 위치한 급수와 배수의 위치를 파악한 후에 손님이 들어오는 동선을 고려해서 바의 위치를 정하는 게 효율적이기 때문이야.

크레이저커피는 가급적 입구에 바를 배치하고 있어. 길거리를 다니는 행인과 바리스타의 눈맞춤을 시도하려는 목적이야. 그리고 손님이 문을 열고 들어왔을 때 즉각적으로 반응해서 인사하기 위함이지.

간혹 바가 문과 반대인 곳, 즉 문을 열고 한참을 걸어 들어와서 주문해야 하는 매장에서는 손님들과 언제 인사를 해야 할지 애매한 상황이 발생할 수도 있고, 바리스타들이 인사하고 난 뒤에 한참 걸어 들어오는 동안 손님들이 눈을 어디에 둬야 되는지 몰라서 쭈뼛거리는 경우도 있어.

그래서 난 작은 평수, 즉 20평 이내의 매장에서는 문 바로 옆쪽에 바를 위치시키고 대형 평수의 매장에서는 바의 위치를 좀 더 자유롭게 잡아. 바의 위치와 동선에 대한 내용은 너무 길어질 테니 다음 장에서 좀 더 자세하게 말해줄게.

🥤 창고 공간은 절대 놓치지 마라

창업 초보자들은 창고 공간에 대해 이해가 부족하거나 아예 창고 공간에 대한 개념 자체가 없는 경우가 많아. 왜냐면 손님으로 올 때는 창고 공간 자체가 잘 보이지 않기 때문이야.

소형 카페일수록 창고 공간에 대한 인식이 부족한 경우가 더욱 많아. 어떻게든 테이블 공간을 많이 확보해서 손님을 더 받고 싶은 마음이 크기 때문이야.

창고는 예비 공간이라는 개념으로 생각하면 돼. 이 예비 공간이 주 공간, 즉 음료를 만드는 바와 손님을 접대하기 위한 홀의 기능을 지원하는 거야. 그러나 눈에 잘 보이지 않기 때문에 창업 초보자들은 창고 공간의 필요성을 간과하기 십상이야.

카페를 운영하기 위해선 최소한 3평 이상의 창고 공간이 필요해. 시럽, 소스 등의 음료 관련 재고나 테이크아웃 용품처럼 부피가 큰 재고들을 보관하기 위해서야.

물론 바 카운터나 작업 테이블의 숨은 공간을 활용해서 재고들을 비치하기도 하지만 실제로 카페를 운영해보면 그런 공간들로는 부족하다는 것을 금세 깨닫게 될 거야.

창고 공간이 부족해서 재료 주문을 굉장히 빡빡하게 하는 경우가 있는데, 간혹 배송이 지연된다거나 예상치 못하게 매출이 늘어나면 재료가 부족해서 주문을 받지 못하는 최악의 상황도 벌어질 수 있어.

창고 공간이 넉넉하다면 재고를 충분히 보유할 수 있기 때문에 재고 관리를 여유롭게 할 수 있지. 사실 단점이라고는 테이블 공간을 좀 적게 확보한다는 것뿐이야. 한두 테이블 때문에 카페를 운영하는 기간 내내 고생하는 것보다는 처음부터 창고 공간을 확보하는 게 훨씬 낫지 않겠어?

인테리어 업체 선정

요즘은 인테리어를 직접 하는 창업자들도 꽤 많아. 실제도 어떤 카페들은 전문가 뺨칠 정도로 잘 꾸며진 곳도 많지. 하지만 그들 중 대다수가 기존에 인테리어를 해봤거나 관련 업종에 있던 사람들이라서 인테리어를 직접 할 수 있는 거야.

인테리어는 아무 경험도 없는 사람들이 무턱대고 달려들어 할 수 있는 일이 아니야. 어떤 창업자가 아는 목수 한두 명을 데리고 직접 인테리어를 하겠다고 나섰다가 비용은 엄청 들고, 결과물은 엉망진창으로 나와서 눈물 나게 후회한 경우를 봤거든.

차라리 처음부터 전문 업체를 찾아서 매장을 꾸몄더라면 시간, 비용, 결과까지 다 제대로 챙겼을 텐데. 초기 창업 비용을 조금이라도 줄여보겠다고 나섰다가 도리어 망한 케이스였지.

카페 창업 케이스를 이것저것 겪다 보니깐 인테리어 업체 선정이 생각보다 만만치 않다는 걸 깨달았어. 인테리어 업종에서 일을 배운 사람들은 예외겠지만 우리 같은 일반인들은 업체를 선정해서 인테리어를 할 수밖에 없잖아.

좋은 회사일 것 같아서 계약한 인테리어 업체들이 실제로는 공사를 엉망으로 진행하는 경우도 많아. 최악은 인테리어 공사 중에 잠적하는 경우지.

🔖 예산 책정이 우선이다

인테리어 업체를 선정하기 전에 가장 먼저 해야 할 일은 예산이 얼마나 되는지를 명확하게 책정하는 거야. 사실 인테리어라는 게 비용을 얼마나 투자하느냐에 따라 결과물이 다르잖아.

비용을 많이 쓰면 좋은 자재, 좋은 시설, 디테일한 소품 등으로 좋은 결과물이 나온다는 건 쉽게 예상할 수 있지. 그래서 내가 투자할 수 있는 인테리어 비용이 얼마나 되는지 명확하게 책정한 후에 업체 선정 작업에 들어가야 해.

예산을 얘기하지 않고 특정 카페를 예로 들면서 업체에 '비슷하게 해주세요'라고 얘기하면 예산을 고려하지 않고 디자인을 잡아올 수도 있어.

예산보다 적게 나오면 다행이지만 예산을 훨씬 초과하면 디자인이 아무리 마음에 들어도 예산에 맞도록 디자인 작업부터 다시 해야 하니 서로 힘만 빠지겠지.

그래서 처음부터 예산을 정확하게 밝히고 그 선에서 작업하면 좋겠다고 얘기해야 해. 그러면 인테리어 업체가 예산 안에서 디자인할 테고, 애초에 예산이 너무 낮다 싶으면 그 가격으로는 좋은 결과물이 안 나올 것이라고 얘기하겠지.

인테리어 업체도 수익을 위해 존재하기 때문에 이익이 나지 않는다면 절대 공사를 맡지 않아. 그러니 처음부터 명확하게 예산과 비용을 얘기하는 게 서로에게 좋은 길이야.

🖥 견적은 최소 3개 업체, 내용은 세세하게

길에 널린 게 카페나 음식점이라고 하듯 인테리어 업체도 상상하기 힘들 정도로 많아. 그 정도로 인테리어 업계도 치열한 경쟁을 겪고 있지. 그런데 막상 인테리어 업체를 선정하다 보면 그들의 언변에 넘어가 계약 조건이나 단가 협상에서 주도권을 빼앗기는 경우가 허다해.

그래서 인테리어 업체를 최소 3곳에서 최대 5곳까지 만나본 다음에 견적을 받는 게 좋아. 여러 업체로부터 견적서를 받아보면 평균 금액이 얼마인지도 파악되고, 견적서 안에 있는 내용들이 얼마나 충실한지 비교할 수도 있지.

주먹구구식의 인테리어 업체는 단순하게 평당 얼마라면서 매우 기초적인 평면도를 견적서라며 가져오기도 해. 간혹 이런 사람들이 달변가인 경우가 있는데, 화려한 언변으로 초보 창업자들의 얼을 빼놓고 계약을 성사시키기도 하지.

반대로 견적서에 각 항목별로 들어가는 자재, 물품 수량, 인건비, 공사 기간 등을 자세하게 분류해서 항목당 견적을 기재해서 보여주는 곳도 있어. 이런 곳 위주로 잘 살펴봐야 해.

예전에는 평당 단가가 얼마니 하면서 인테리어 공사를 진행했는데, 요즘은 인터넷에 워낙 많은 정보가 흘러나오기 때문에 업체 입장에서도 견적서를 좀 더 꼼꼼하게 작성해서 보여줘야 할 필요성을 느낀 거지.

세부 항목으로 나눠진 견적서를 토대로 각 업체 간 비용이 얼마나 다른지 비교하면 되는 거야. 그러면 비용을 과다하게 책정한 업체를 찾을 수 있으니까 이런 업체만 솎아내면 돼.

🗑 인테리어 업체 선별법

1. 합법적인 업체인지 확인하라

의외로 사업자등록증을 가지고 있지 않은 업체가 많아. 즉, 회사의 형태가 아니라 목수가 사업자등록증 없이 임의로 인테리어 업체를 운영하는 경우야. 주로 지인을 통해 업체를 소개받고 인테리어를 진행할 때 발생하는 사례인데, 대부분 현금 거래만 하고 공사 대금은 낮게 책정한다는 특징이 있어.

공사가 무사히 끝나더라도 추후 A/S에서 문제가 발생할 수 있으니까 업체 선정 시 반드시 사업자등록증을 확인해야 해.

2. 과거 실적을 확인하라

인테리어 업체의 능력을 제일 확실하게 파악할 수 있는 방법은 이전에 그들이 작업한 공간을 확인하는 거야. 카페 인테리어를 많이 해봤다며 사진을 보여주겠지만 실제로 그들이 직접 작업한 건지, 도면만 가진 건지는 모르는 일이야.

그들이 작업한 매장을 직접 방문하는 게 가장 확실하지. 그리고 매장 사장에게 인테리어 업체에 대한 평가를 물어보는 것이 좋아. 인테리어에 문제가 있다면 즉시 불평을 늘어놓는 게 당연한 수순 아니겠어?

3. 지나치게 낮은 견적은 일단 의심하라

누누이 말하지만 세상에 싸고 좋은 건 없어. 일단 싸게 부르고 계약을 체결하는 게 그들의 수법이야. 앞서 얘기한 것처럼 자재 품질이 낮다거나, 처음 얘기한 자재 대신 질 낮은 자재로 교체해버리는 악덕 업체가 간혹 있어. 과다한 견적도 문제지만 지나치게 낮은 견적도 일단 세심하게 체크하는 게 좋아.

인테리어 계약 시 주의사항

중소 규모의 인테리어 업체들은 대부분 카페를 대상으로 삼고
있어. 그러다 보니 인테리어 실행 도면을 정확히 파악하고 견
적서를 세부적으로 작성해서 제출할 수 있는 업체를 만나기가
여간 어려운 게 아니야. 심지어 업체 간 견적이 적게는 20%에
서부터 많게는 50%까지 차이 난다니까.

그래서 앞서 설명한 것처럼 여러 업체의 견적서를 살펴본
후 자신의 예산에 맞춰 원하는 디자인을 할 수 있고 견적 금액
이 합리적이라 판단되는 곳과 계약해야 해.

그렇지만 단순히 견적서와 도면만 믿고 계약하다간 큰일 날

수 있어. 인테리어의 특성상 공사를 진행하다 보면 장마, 폭설과 같은 돌발 변수가 발생할 수 있고, 공사가 완료된 이후에 예상치 못한 하자 보수를 해야 하는 일도 부지기수거든. 이에 대비해서 계약서에 별도의 특약사항을 기재하는 게 좋아.

우선 기본적으로 평면도, 전개도, 입면도, 단면도 등 상세한 도면을 바탕으로 총 도급액과 부가세를 명시해야 해. 인테리어 공사는 기본적으로 거금이 들어가니 일부 인테리어 업체는 매출 규모를 줄이려고 세금계산서 발행을 꺼리기도 해.

하지만 자신이 일반과세자로 사업자등록을 했다면 반드시 세금계산서를 발급받아야 해. 어차피 부가세는 창업 이후에 세무서에서 바로 환급받을 수 있는 금액이기도 하고 종합소득세 신고 시에 비용으로 처리할 수도 있는 항목이야.

당장은 지출이 많아 보이는 착시효과가 있지만 부가세는 비용 처리하기 좋은 항목이니 인테리어 업체가 꺼린다고 해도 무조건 세금계산서를 발급받아야 해. 그래서 총 도급액에 부가세까지 별도로 기입해서 계약서를 작성해야 한다는 거야.

그리고 공사 기간에 대한 명시와 계약금, 중도금, 잔금 지급일에 대해 명시해야 하지. 일반적으로 계약금은 10% 정도로 하고, 중도금은 두 번에 걸쳐 60% 수준까지 지급하고, 공사 만료일에 100% 수준으로 지급하는 방식으로 진행해.

하지만 부가세 10%에 관한 금액은 공사 만료 이후 한 달 이내에 지급하는 걸로 계약하는 게 좋아. 왜 그런가 하면 보통 인테리어 공사가 끝나고 한 달 전후로 보수해야 할 사항들이 발견되거든. 물론 괜찮은 업체는 대금 지급이 끝나고 난 후에도 하자 보수에 대해서 철저히 A/S를 해주지만 일부 악덕 업체는 대금 지급이 끝나면 연락도 안 받고 잠적해버려.

부가세는 어차피 추후 세금으로 내야 할 금액이니 인테리어 업체 입장에서도 당장 받지 않아도 큰 문제가 없으니까 서로 기분 나쁘지 않게 계약서에 기재할 수 있어. 보험을 드는 셈이라고 생각하면 돼.

또한 공사 기간을 명확하게 기재하는 이유는 공사 기간을 명확하게 알아야 카페 오픈일에 맞춰서 여러 이벤트나 행사를 기획할 수 있기 때문이야. 공사 기간이 그 기준점이 되는 거야.

계약서에 기재된 대로 이행되지 않으면 준비했던 이벤트나 행사를 진행할 수 없고, 이로 인한 손해는 업주가 고스란히 지잖아. 지연에 대한 책임 소재를 명확하게 기재해야 돼.

예를 들어 공사 기간이 일주일 정도 연장됐다면 일주일 치의 임대료 및 인건비 등 공사 지연에 대한 비용 부담을 얼마나 할지 구체적으로 기재하는 것이 좋아.

인테리어 공사 표준계약서

_____ (이하 "발주자"라 한다)과(와) _____ (이하 "수급자"라 한다)은(는) 아래와 같이 계약을 체결한다.

제1조(공사개요)

공사명	
장소	(면적 : m²)
공사 기간	(착공일) 년 월 일 ~ (준공일) 년 월 일

제2조(대금지급)

총 공사 금액	원정(VAT 별도)
계약금	원 (지급일 : 년 월 일)
중도금	원 (지급일 : 년 월 일)
잔금	원 (지급일 : 년 월 일)

발주자는 정당한 사유 없이 대금 지급을 지연하여서는 아니되며, 지연 시에는 미지급액에 대하여 지급일 다음 날로부터 완제일까지 연 6%의 지연이자를 지급하여야 한다. 단, 잔금 지급에 관한 원칙은 준공일을 기준으로 한다.

제3조(공사내역)

① 수급자는 공사착수 전 발주자에게 설계도서(도면, 시방서, 견적서 등)를 제출하여 승인을 받아야 한다.

② 공사에 사용할 재료의 품질, 품명 등은 설계도서와 일치하여야 한다. 단, 설계도서에 품질·품명 등이 명확히 규정되지 아니하거나 해당 재료가 품절인 경우 상호협의하여 달리 정할 수 있다.

③ 제2항의 합의가 없는 경우 공사에 사용할 재료는 표준품 또는 표준품에 상당하는 재료로서 계약의 목적을 달성하는 데 가장 적합한 것으로 한다.

제4조(공사변경)

① 공사의 진행 중 또는 완료 후 발주자의 요구에 의하여 공사내용을 변경·추가할 경우 수급자는 이에 응하여야 하며, 발주자는 변경에 따르는 추가경비를 수급자에게 지불하여야 한다. 공사완료 후 공사변경은 별도계약에 의하여 처리한다.

② 수급자는 공사의 원활한 진행 및 계약목적의 효율적 달성을 위해 공사내용 및 공법의 변경을 발주자에게 요청할 수 있다.

③ 예정준공일은 제1항 및 제2항에 따라 추가로 소요되는 기간을 고려하여 연장할 수 있고, 공사금액 변경 분은 잔금 지급 시 정산한다.

제5조(하자보수)

수급자는 별도로 정한 바가 없으면 공사완료 후 1년 이내에 발생한 일체의 하자에 대해 보수할 책임이 있다. 단, 발주자의 귀책사유 또는 천재지변 등 불가항력적인 사유에 의한 하자의 경우 수급자는 면책된다.

제6조(지체상금)

① 수급자는 준공기한 내에 공사를 완성하지 못하였을 때에는 매 지체일당 총 공사금액의 1,000분의 2에 해당하는 지체상금을 발주자에게 지불한다.

② 수급자는 천재지변을 포함해 기타 특수한 사정으로 인하여 공사가 지연될 경우에는 즉시 발주자에게 통보하고, 당해 사유의 종료 시까지 기간의 연장을 요청할 수 있다.

③ 제2항의 사유 기타 수급자의 책임에 속하지 않은 사유로 지체된 일수는 제1항의 지체일수에 산입하지 아니한다.

제7조(계약의 해제·해지)

① 발주자 또는 수급자는 다음 각 호의 1에 해당하는 경우 서면으로 당해 계약의 전부 또는 일부를 해제·해지할 수 있다.
   1. 수급자가 정당한 사유 없이 약정한 착공기일을 경과하고도 공사에 착수하지 아니한 경우
   2. 수급자의 귀책사유로 준공기일 내에 공사를 완성할 가능성이 없음이 명백한 경우
   3. 불가항력 및 계약조건의 위반으로 계약의 목적을 달성할 수 없다고 인정될 경우

② 제1항에 의하여 계약이 해제·해지된 경우 발주자과 수급자는 지체 없이 기성부분의 공사금액을 정산하여야 하고, 책임이 있는 일방은 상대방의 손해를 배상할 책임이 있다. 단, 불가항력적 사유로 인한 경우에는 배상책임을 면제한다.

제8조(권리·의무의 양도)

수급자는 계약된 공사의 전부 또는 일부를 제3자에게 양도 또는 하도급 할 수 없다. 단, 공사의 편의 및 공정의 특수성이 있는 때 또는 발주자의 동의를 얻었을 때에는 그러하지 아니한다.

제9조(저작권 보호)

이 계약과 관련한 설계도서의 저작권은 수급자에게 귀속되며, 발주자는 수급자의 서면동의 없이 이의 전부 또는 일부를 다른 곳에 사용하거나 양도할 수 없다.

제10조(분쟁해결)

이 계약과 관련하여 발생한 분쟁은 합의에 의하여 해결함을 원칙으로 하고, 당사자 사이에 해결되지 않은 분쟁은 대한상사중재원에서 국내중재규칙에 따라 중재로 해결한다.

제11조(기타사항)

① 발주자는 수급자가 당해 공사를 원활하게 진행하는 데 필요한 제반 조치(주무관청의 인·허가, 민원해결 등)에 적극 협조하여야 하고, 관련 비용을 부담하여야 한다.

② 이 계약서에 규정하지 않은 사항에 대해서는 발주자와 수급자가 대등한 지위에서 협의하여 결정한다.

발주자와 수급자는 상호 신의와 성실을 원칙으로 상기와 같이 계약을 체결하고 계약서 2부를 작성하여 각각 1부씩 보관한다.

계약일자 :   년   월   일

발주자		수급자	
주소 :		주소 :	
상호/성명 :	(서명 또는 인)	상호/성명 :	(서명 또는 인)
연락처 :		연락처 :	

공사 전 공간분석이 우선이다

카페 인테리어를 시작하기 전에 가장 먼저 해야 할 것은 공간 분석이야. 창업 초보자들은 손님의 동선과 좌석 배치 등이 제일 먼저라고 생각하겠지만, 실제로 가장 중요한 것은 바의 위치라든가 수납 공간, 작업 동선 등 카페 운영에 있어서 효율적인 공간을 구성하는 거지.

보통 바의 위치를 제일 먼저 잡고 다른 공간의 위치와 모양을 잡아. 그래서 그대들은 매장을 계약할 때 매장의 모양과 향후 공간의 구성을 어떻게 해야 하는지, 즉 공간분석을 어떻게 해야 하는지를 먼저 생각해야 돼.

급·배수의 위치를 제일 먼저 파악하라

나는 인테리어를 시작할 때 매장 내 급수 및 배수의 위치를 파악하는 걸 최우선으로 해. 급수는 크게 문제가 되지 않지만, 배수관의 위치에 따라 바의 위치가 달라질 수 있거든.

만약 매장 안쪽이 아니라 창가 쪽으로 바를 놓고 싶은데, 배수관이 매장 깊숙이 있다면 바를 창가 쪽으로 놓기 힘들어. 왜냐하면 물은 위에서 아래로 흐르는 거라 바에서부터 시작한 배수가 매장 뒤쪽까지 흘러가려면 처음 시작하는 배관 파이프가 마지막 배관 파이프 쪽으로 경사져야 하거든.

그러면 배관 파이프의 시작점을 굉장히 높게 설치해야 해. 그렇게 되면 바에 설치할 제빙기의 배관 높이가 안 맞는 경우가 발생해서 결국 바를 엄청 높이거나, 제빙기를 원하는 위치에 놓을 수 없는 문제가 발생해.

혹은 바 뒤쪽의 바닥을 파서 배관을 밑으로 내리는 작업을 추가로 하느라 돈과 시간이 들어서 골치 아파져. 만약 배관공사가 제대로 마무리 되지 않으면 물이 역류해서 넘치기도 하고, 우유 찌꺼기가 쌓여서 악취가 발생하기도 해.

처음 시작할 때 급수와 배수의 위치부터 정확히 파악한다면 어떤 상황에서든 배수에 문제가 없을지 판단할 수 있어.

점포의 모양과 크기, 그리고 높이를 파악하라

다음으로 계약한 점포의 모양과 크기, 그리고 높이를 파악해야 해. 정사각형인지, 옆으로 길쭉한 직사각형인지, 안으로 길쭉한 직사각형인지 혹은 삼각, 사다리꼴 형태인지 파악하는 게 먼저야.

내가 제일 선호하는 점포의 모양은 옆으로 길쭉한 직사각형 혹은 정사각형 형태야. 같은 평수라도 안쪽으로 길쭉한 직사각형 모양은 그리 좋지 않아. 인테리어에서는 옆쪽이든 안쪽이든 상관 없이 비슷하게 보이지만, 밖에서 봤을 때 사람들 눈에 띄는 거라든가 시원하게 보인다는 측면에서는 옆으로 길쭉한 모양이 더 좋아.

안쪽으로 길쭉한 모양은 들어왔을 때 시야가 좁아 보이고 답답한 느낌을 주기 때문에 그다지 추천하지 않아. 또한 옆으로 길쭉한 모양, 즉 가로형 점포는 훨씬 시원한 느낌을 주기도 하고, 바를 어디에 놓아도 동선에 크게 불편함이 없어서 내가 선호하는 형태야.

길쭉한 모양, 즉 세로형 매장의 경우는 만약 가로 길이가 길지 않다면 바를 뒤쪽으로 놓기 힘들고, 세로로 배치한다고 해도 폭이 좁아서 바의 크기를 좁혀야 하는 문제가 발생할 수도 있어. 이런 이유 때문에 가로형 점포를 추천하는 바야.

다음엔 크기, 즉 평수를 파악해야 해. 점포의 평수가 작다면 바의 크기를 줄이거나 바의 크기는 넓게 두되 좌석 공간을 줄여야 해. 카페 생활을 오래 해본 결과 좌석 공간보다 바의 크기가 더 중요하다는 걸 깨달았어.

창업 초보자나 어설프게 아는 인테리어 업체 및 컨설턴트는 손님을 많이 받기 위해 좌석을 더 확보하는 인테리어를 구상하곤 하지. 하지만 실제로 운영하다 보면 바 공간이 훨씬 중요하다는 걸 깨닫게 될걸?

심지어 억지로 확보한 좌석이 인테리어의 미적 측면에서 마이너스 요인이 된다거나 배치가 안 좋아서 손님들이 앉기 싫어하는 좌석으로 인식되면 나중엔 정말 쳐다보기도 싫은 자리가 되는 거야. 그래서 바를 구성할 때는 가급적 그대가 생각하는 것보다 넓고 크게 만드는 게 좋아.

그리고 마지막으로 점포의 천장 높이를 봐야 해. 천장이 높으면 매장이 실제 평수보다 넓어 보이는 효과가 있어. 간혹 복층(건축물관리법상 복층은 불법인 건물도 있으니 사전에 확인해야 함)으로도 매장을 만들 수도 있고, 노출형 인테리어를 함으로써 세련된 카페를 만들 수도 있지.

🗑 수납 공간을 파악하라

점포의 평수가 크다면 따로 창고를 만든다든가 바의 크기를 키워서 수납 공간을 충분히 만들 수 있어. 하지만 요즘은 대형 매장보다는 중소형의 실속형 매장을 선호하는 경향이 있어.

중소형 매장일수록 수납 공간에 대한 이해가 높아야 바를 잘 만들 수 있어. 인테리어 업체에서도 수납 공간을 잘 만들어야 한다며 다양한 제안을 하지. 하지만 카페를 직접 운영해보지 않기에 수납 공간을 용도에 맞게 설계하는 것이 아니라 일반적으로 통용되는, 즉 그럴듯한 모양새로 만들곤 해.

수납 공간이 예쁘기는 한데 카페에서 사용하는 물품을 보관하기에는 크기가 안 맞아서 애매한 공간이 되는 경우도 많아. 그래서 수납 공간을 만들기 전에 카페 물품에 무엇이 있는지, 물품의 크기는 얼마나 되고 얼마나 자주 사용되는지, 재고로 얼마나 가지고 있어야 하는지, 서류를 어디에 보관할지 등 세심하게 계획해야 해.

수납 공간을 잘못 설계하면 나중에 공간이 부족해서 새로운 메뉴를 도입하지 못하거나 재고를 보관할 곳이 없어서 집에 두고 필요할 때마다 가져오는 불상사가 발생할 거야.

체크포인트

1. 판매하고자 하는 메뉴를 결정한다(메뉴가 주방 기기의 종류와 바 규모를 정하는 핵심 기준).
2. 창고 공간은 3일 정도의 예상 매출량의 재고를 보관할 수 있을 정도로 설계하는 것이 좋다.
3. 바 면적에 여유 공간을 두는 게 좋다.
4. 중·대형 매장은 바 뒤편에 휴식 공간(탈의, 식사 등)을 마련하는 게 좋다.
5. 향후 추가될 수 있는 신메뉴의 종류도 고려해서 바와 홀의 공간을 구성해야 한다.

카페 장비의 선택과 바의 설계

카페 인테리어에서 가장 중요한 부분은 바의 구성이야. 바는 음료 제조와 손님 응대, 직원들의 업무가 동시다발적으로 벌어지는 공간이잖아? 미학적인 요소 외에도 동선, 장비의 배치, 수납 공간 등의 기능적인 면이 중요시되어야 해.

카페에서 조금이라도 일해본 사람이라면 카페에서 바가 차지하는 중요도가 얼마나 큰지 알 거야. 손님이었을 때는 바라는 공간이 잘 보이지도 않아서 단순히 음료를 만드는 곳 정도로 인식하고 있었겠지. 창업을 결심하고 인테리어를 할 때가 되어서야 겨우 눈에 들어왔을 거야.

실제로 인테리어 공사에 들어가기 전, 인테리어 업체와 향후 공사에 대해 이런저런 의논을 하면 대부분 "바를 어떻게 구성할까요?"라고 먼저 물어볼 거야.

바 구성에 대한 질문을 제일 먼저 듣다 보니까 바 설계가 요식업 인테리어에서 가장 중요한 부분이란 걸 깨닫는 거지. 지금부터 바를 어떻게 설계하는지 차근차근 알아보자고.

카페 장비의 선택

카페는 콘셉트에 따라서 다양한 형태를 띠고 있어. 브런치 카페, 핸드드립 카페, 로스터리 카페 등 주력 메뉴나 아이템에 따라 각 매장에 필요한 장비나 기구가 달라지지.

하지만 각 콘셉트마다 필요한 장비를 일일이 따지기에는 지면이 너무 적어. 그래서 일반적인 카페에 반드시 필요한 장비를 먼저 알아보고 이 장비들로 어떻게 바를 설계하는지 알려줄게.

1. 에스프레소 머신

에스프레소 머신은 기능적인 면에 따라 종류가 달라져. 하지만 여기서는 기능적인 설명보다 창업에 있어 필요한 정보들만 모아서 얘기해줄게.

우선 에스프레소 머신을 선택할 때는 외형적으로 1그룹, 2그룹, 혹은 3그룹이냐를 가장 먼저 봐야 해. 오피스 상권에 있는 테이크아웃 매장은 출근시간이나 점심시간에 손님들이 몰리는 '러시 타임'이란 게 있어. 그래서 손님들이 기다리지 않도록 음료를 빨리 만들 필요가 있지.

1, 2, 3 그룹이라는 건 쉽게 말해 에스프레소가 추출되는 곳이 1개냐, 2개냐, 3개냐는 거야. 그러니 바쁜 매장, 혹은 러시 타임이 있는 곳은 그룹 수가 많은 에스프레소 머신을 선택하는 게 좋겠지?

하지만 그룹 수가 많으면 당연히 에스프레소 머신의 가격이 올라가고 크기가 커지기 때문에 공간이 그만큼 더 필요해. 그리고 바에 위치시킬 때 전면 혹은 후면 작업대 중 어느 쪽으로 위치시킬 것인가도 결정해야 해.

사실 요새 출시되는 하이엔드급의 고가 에스프레소 머신들은 디자인이 세련되기 때문에 대부분 전면에 배치해서 손님들이 쉽게 볼 수 있도록 하는 것도 전략으로 여겨지지. 누가 봐도 비싼 에스프레소 머신이 있으면 커피가 맛있을 것이라는 기대를 하게끔 만드는 거야.

하지만 에스프레소 머신을 바의 전면에 위치시키면 배관이

외부로 노출될 수도 있어. 때로는 그 노출을 막기 위해 바닥을 파서 묻는 방법을 쓰기도 하지. 그래서 대부분 에스프레소 머신을 후면 작업대에 위치시켜서 배관을 원활하게 하고 메뉴 제조 동선을 편하게 만드는 방법을 택하는 거야.

참고로 그룹 수가 올라가면 전기 용량도 더 높아지기 때문에 전기 공사를 할 때 용량이 큰 차단기를 설치해야 해. 여기서 한 가지 더 얘기하자면 에스프레소 머신의 기능이 좋아질수록 전기 용량이 더 많이 필요해. 그래서 그룹 수와 기본 전력량을 계산해서 적정한 차단기를 설치하는 것이 중요 포인트야.

어찌 됐든 에스프레소 머신의 크기와 모양에 따라 어디에 위치시킬 것인지 선택하는 게 최우선이니까 명심하도록 해.

2. 그라인더

그라인더의 종류는 수동이냐, 자동이냐, 혹은 플랫이냐, 버티컬이냐, 버의 크기가 어느 정도냐에 따라 가격대가 달라져. 물론 브랜드에 따라서도 가격이 달라지지만 대부분은 위에 얘기한 3가지 정도로 압축되지.

사실 그라인더는 인테리어에서 고려할 사항이 크게 없어. 대부분의 그라인더는 에스프레소 머신 옆에 위치하거든. 그래야 원두를 간 다음에 별도의 움직임이 없이 몸만 돌려서 에스프레소 머신에 장착하고 에스프레소를 추출할 수 있어.

다만 에스프레소용 그라인더가 아닌 핸드드립용 그라인더는 별도의 드립 바 근처에 위치시키는 것이 좋아.

3. 냉장/냉동고

업소용 냉장/냉동고는 기능이나 용도, 크기, 모양에 따라 종류가 굉장히 다양해. 세세하게 말하면 끝이 없으니 대략적으로 설명하자면 카페에 필요한 냉장/냉동고는 냉장 전용, 냉동 전용 혹은 냉장/냉동 겸용이 있어.

그리고 모양에 따라 세워서 사용하는 스탠드 냉장고와 눕혀서 사용하는 테이블 냉장고가 있지. 또한 테이블 냉장고는 크기 및 용량별로 900자, 1,200자, 1,500자, 1,800자(여기서 자는 mm를 뜻함)로 나뉘고, 스탠드 냉장고는 25박스, 30박스, 45박스, 60박스 등의 용량으로 나누기도 해.

주 메뉴의 구성에 따라 냉장/냉동 칸이 얼마나 필요한지 판단한 뒤에 냉장고의 사양을 정해 구입하는 게 좋아.

모양에 따라 구입 기준을 정하자면, 가정에서 많이 사용하는 스탠드 냉장고는 공간이 부족한 장소에서 사용해. 보통 바 공간이 부족한 매장에서 창고나 구석진 자리에 설치하지.

반면에 테이블 냉장고는 냉장고 위의 공간을 작업대로도 활용할 수 있게 만든 거야. 그래서 상당수의 매장이 테이블 냉장고를 후면 작업대에 비치함으로써 음료 제조 시 작업 공간으로 활용하기도 하고, 에스프레소 머신이나 기타 장비 혹은 비품들을 올려놓는 공간으로 사용하기도 해.

쉽게 말해서 별도의 바를 제작할 필요가 없이 냉장고를 작업 바로 활용한다는 거야. 이러한 장점 덕분에 일반적인 매장에서는 테이블 냉장고를 가장 많이 사용해.

다만 에스프레소 머신과 너무 멀리 떨어지면 안 돼. 왜냐하면 카페라떼처럼 우유를 쓰는 음료가 많기 때문이야. 에스프레소를 추출한 뒤 스팀을 치거나 잔에 우유를 채울 때, 냉장고가 에스프레소 머신 옆에 위치해야 우유를 꺼내기 편하잖아.

만약 멀리 떨어져 있으면 커피를 추출한 뒤에 냉장고까지 걸어가 우유를 꺼내야 해서 나중엔 체력에 무리가 오는 상황이 발생하기도 해. 물론 작은 매장이라면 기물들을 오밀조밀하게 비치하므로 크게 문제될 건 없어.

4. 제빙기

제빙기는 크게 얼음의 사이즈, 냉각 방식, 일일 생산량, 그리고 저장 용량에 따라 모델을 구분할 수 있어.

얼음 사이즈를 구분해야 하는 메뉴가 없다면 모양이나 사이즈는 크게 문제가 안 돼. 마찬가지로 공냉식이든 수냉식이든 냉각 방식은 고려 대상이 아니야.

다만 중시해야 할 점은 매출이 높거나, 매출이 한꺼번에 발생하는 러시 타임이 있다면 가급적 저장 용량이 큰 제빙기를 구입해야 한다는 거야.

하루 매출이 40만 원을 넘어가는 매장이라면 50kg 용량의 제빙기 한 대로는 여름에 얼음이 부족한 상황이 발생할 확률이 커.

나중에 제빙기를 한 대 더 설치하기 어려우니 참으로 난감한 상황에 빠지는 거지. 게다가 저장 용량에 따라 바의 높이와 모양이 달라지기 때문에 생각보다 선택이 어려운 장비야.

일단 일반적으로 많이 사용하는 50kg 용량의 제빙기와 100kg 용량의 제빙기는 크기와 높이에 큰 차이가 있어. 보통 100kg 제빙기를 사용하는 매장은 50kg의 제빙기를 2대를 설치해.

왜냐면 100kg 제빙기는 크기가 커서 바를 만들 때 높이를 맞추려고 작업대를 제빙기 높이만큼 올리기도 하거든. 이렇게 높은 작업대에서 일하면 어깨에 무리가 올 수 있어. 키가 작은 직원은 그 정도가 더 심해진다고. 그래서 작업을 용이하게 만들기 위해 50kg 용량의 제빙기를 2대 설치하는 거야.

50kg 제빙기 2대가 100kg 제빙기 1대보다 비싸니깐 창업자들은 조금이라도 아끼려고 100kg 제빙기 한 대를 구입하기도

해. 하지만 나는 겨울에는 1대를 끌 수도 있고, 바의 공간 구성이나 높이의 문제 때문에라도 50kg 제빙기 2대를 구입하는 게 낫다고 조언하곤 하지.

그리고 제빙기는 반드시 배관이 좋은 곳에 설치해야 해. 제빙기에는 얼음이 녹아서 나가는 배관 호스가 있는데, 배관 파이프의 위치가 반드시 배관 호스의 위치보다 낮아야 하거든. 그래야 물이 쉽게 빠져나가지.

아니면 나중에 제빙기 안에서 녹은 얼음물이 빠져나가지 못해서 물이 고이고, 결국 작동을 멈춰버리는 일이 발생해버려. 배관이 원활한 곳에 제빙기를 두는 게 중요 포인트야.

5. 포스기, 앰프, 인터넷 중계기, CCTV 등

다들 알고 있겠지만 포스는 주문을 받기 쉬운 곳에 위치시켜야 해. 그래서 보통 바의 전면에서 왼쪽 혹은 오른쪽 가장자리에 위치시키지. 그리고 아래쪽 수납 공간에 앰프, 인터넷 중계기, CCTV 셋톱박스 등을 둬.

이 기기들의 특성 때문이야. 조금만 생각하면 기기들에 연결된 전선들이 많다는 걸 알 수 있어. 바에 코어라는 구멍을 뚫고 전선들을 그쪽으로 밀어 넣으면 말끔히 정리할 수 있지.

만약 이 기기들이 이리저리 흩어지면 꼬인 전선들을 정리하기 쉽지 않아 수납 공간이 엉망진창이 될 수 있어. 그래서 가급적 한 공간에 비치해서 깔끔하게 관리할 수 있게끔 바를 구성하는 거야. 각종 전자 기기들의 배치도 고려해서 바를 설계하라는 것이 이번 장의 포인트야.

체크포인트 1

장비의 선택은 위에서 설명한 것처럼 그리 단순한 문제가 아니야. 예산이나 쓰임새, 기능, 목적에 따라서 장비 선택이 달라질 수 있지. 자세하게 설명하고 싶지만 카페 장비에 대해 설명하기 시작하면 또 다른 책이 한 권 나올 정도로 양이 방대해. 그러니 나중에 카페 장비를 선택해야 할 때는 차라리 나한테 연락해. 단순히 학원에서만 배운 정보로는 어떤 장비를 선택해야 할지 감이 안 올 테니 내가 주는 가이드라인을 토대로 장비를 선택하면 좀 더 쉬워질 거야.

체크포인트 2

바의 설계는 앞에서 설명한 것처럼 공간을 분석해서 바를 어디에 위치시킬 것인지 정하고 작업 동선, 배관, 급배수 위치를 고려해 바의 모양과 각종 장비의 배치를 설계하는 매우 힘든 작업이야. 아마 인테리어 공사 중 가장 크게 신경 써야 할 작업이자 음료 제조에 최적화된 공간으로 만들 의무를 가져야만 하는 단계일 거야. 분위기나 색감 등은 추후 어느 정도 수정 가능하지만, 바는 수정하려면 대대적인 공사를 해야 할 정도로 수정이 불가능한 작업이라고 할 수 있지. 초반에 제대로 설계하지 않으면 두고두고 후회할 수 있으니 반드시 이 단계를 신중하게 마칠 수 있기를 바라.

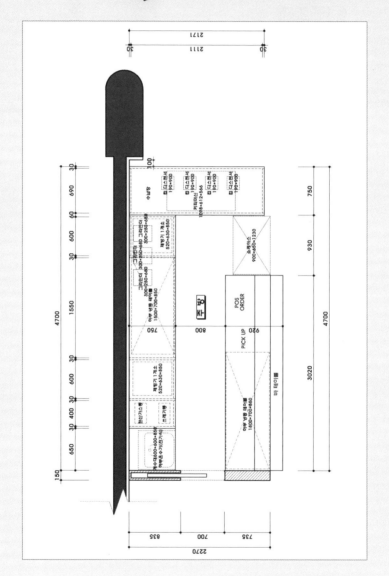

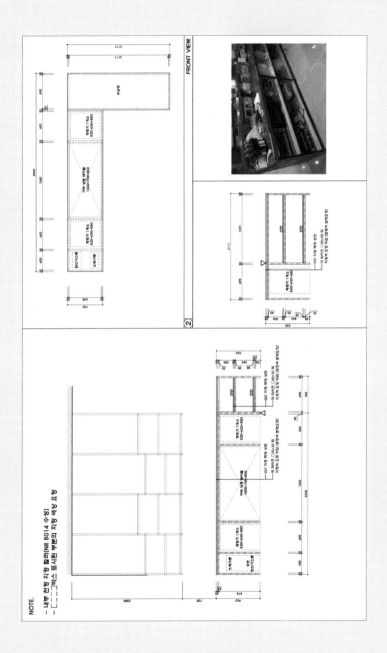

FRONT VIEW

NOTE.
- 내부 전장 지정 컬러(NR.8014 수정)
- [___]박스 표시된 부분의 지정 색상 요청

별도 공사를 모르면 배보다 배꼽이 더 커진다

"평당 얼마에 해주실 수 있나요?", "평당 160만 원요? 오, 여기가 제일 저렴하네요." 인테리어 공사를 할 때 창업자와 인테리어 업체 사이에서 오가는 대화 예시야. 그런데 사실 평당 얼마라는 건 너무나 두루뭉술한 얘기라 할 수 있어.

공사 항목별로 재료비와 인건비 등을 따져야 하는데 대부분 평당 단가만 얘기하니깐 다들 공사비를 그렇게 정하는 줄 알아. 그래서 같은 공사라면 평당 단가가 낮은 곳이랑 계약을 맺어버리지.

문제는 이 평당 단가로 계산된 견적서에는 표시되지 않은 금액이 따로 있다는 거지. 그게 바로 '별도 공사'라는 거야.

제대로 작성한 견적서에는 기본 공사 금액과 별도 공사 금액이 따로 표시되어 있어. 평당 단가는 오로지 기본 공사에 대한 단가만 일컫는 거야.

그래서 막상 공사가 진행되면 추가 비용이 들어가는 상황이 생기기 일쑤야. 예상치 못했던 비용 때문에 법적 분쟁까지 가는 경우도 허다하게 발생해.

그래서 그대들은 소모적인 분쟁을 피하기 위해서라도 별도 공사가 무엇인지 정확하게 파악하고 거기에 따른 비용이 얼마나 들어가는지 업체별 견적을 본 후에 업체를 결정해야 해.

🗄 기본 공사 항목

기본 공사 항목은 평수에 따라 자재비와 인건비에 대한 예측이 어느 정도 가능한 편이라서 인테리어 업체에 견적서를 넣을 때 자재비와 인건비, 공정 일수 등을 정확히 기재해달라고 하면 돼. 그렇게 받은 견적서로 비교하면 인테리어 업체를 보다 쉽게 선택할 수 있어. 뒤에 제시한 기본 공사 항목 표를 참고하면 조금이나마 도움이 될 거야.

기본 공사

공사 명칭	공사 세부 내용	견적 금액(원)
목 공사	목재의 가공 및 설치, 조립. 대부분 천장 및 벽체 등의 가벽 설치를 주로 말한다.	
금속 공사	전면의 프레임, 파사드, 지붕, 선반, 조명, 바(bar) 등 금속의 가공 및 설치, 조립을 말한다.	
설비 공사	내부의 상하수도 배관, 방수, 바닥 미장 작업, 단 높임 등을 말한다.	
도장 공사	벽면, 천장 등을 특정한 색으로 페인트를 칠하는 것을 말한다.	
타일 공사	벽체, 바닥 등을 지정한 타일로 시공하는 작업을 말한다.	
전기 공사	배전반 제작 및 설치, 각종 전선을 배치(배선), 콘센트 배치, 전기 기구 설치 등을 말한다.	
덕트 설치	후드, 브루어, 모터 등 환기 시설을 설치 및 조립을 말한다.	
마감	필름이나 시트, 대리석 등으로 바(bar), 카운트 등을 마무리하는 작업을 말한다.	
청소	인테리어 공사가 모두 완료된 후 매장 구석구석을 청소한다. 준공 청소라고도 부른다.	
총 합계		

🖰 별도 공사 항목

난 사실 왜 처음부터 별도 공사 항목을 견적서에 넣지 않는지 이해할 수 없었어. 하지만 인테리어 공사를 많이 맡겨보니깐 그 이유를 알게 됐지. 별도 공사는 매장마다 다르게 적용되는 부분이 있어서 그래.

예를 들어 철거 공사는 어디서부터 어디까지 하는지, 폐기물이 얼마나 나오는지, 폐기물을 실을 차량이 몇 톤짜리인지, 몇 명의 인부가 들 건지에 따라 견적이 달라져.

그래서 별도 공사에 얼마나 들어갈지 대략적인 견적이라도 내달라고 하는 게 좋아. 단순히 기본 공사 견적만 보고 계약했다가 별도 공사 견적이 턱없이 올라가면 정말 황당할 거 아냐.

이런 게 왜 문제가 되냐면 인테리어 업체가 일단 계약부터 하고 보자는 식으로 기본 공사 항목의 비용을 낮게 책정하고, 계약을 성사시킨 이후에 별도 공사 항목의 비용을 높게 책정해서 마진을 남기는 경우가 있기 때문이야.

그러니 뒤에 나오는 별도 공사 항목을 보고 대략적으로라도 최종 금액을 유추한 다음에 인테리어 업체를 선별하길 바라.

별도 공사

공사 명칭	공사 세부 내용	견적 금액(원)
철거 공사	기존에 있던 매장의 천장, 바닥, 벽 등의 필요 없는 부분을 철거하는 작업	
전기 증설 및 간선	한전에 신청한 전기 용량을 확인 후 부족한 전기 계약 용량을 증설 및 간선	
설비 공사	바닥 배수 공사 등의 코어 작업, 트렌치 및 트랩 보강 작업	
도시가스 공사	도시가스 배관공사, 안전점검, 계량기 교체 및 시설분담금	
소방 공사	전기, 방염, 설비, 완비 등	
외부 공사	도어, 복도 마감, 파사드 등의 공사	
외부 덕트	외부로 나가는 덕트의 사용 및 모터 시공	
주방 후드	후드 설치 및 시공	
냉난방 공사	냉난방 설비의 설치 및 시공	
내외부 간판 공사	각종 외부 간판 및 내부 간판 설치	
가구 공사	의자, 테이블, 소파, 붙박이 의장 등의 시공	
음향 공사	앰프, 우퍼, 스피커 등의 설치	
총 합계		

PART.5

카페 마케팅의 기초

마케팅이란 무엇인가

장사하다 보면 '마케팅을 잘해야 한다'라는 말을 귀가 아프도록 듣지만 말처럼 쉽지 않아. 온라인 마케팅 얘기를 하다가 갑자기 SNS 마케팅이란 용어가 튀어나오면 뭐가 다른지 헷갈릴 때도 있고, 오프라인 마케팅을 잘하려면 어떤 방법을 써야 한다는 등 얘기를 하다 보면 어렵고 난해한 말들이 참 많거든.

마케팅이라는 단어는 경영학을 전공하지 않았더라도 일상에서 흔히 들을 수 있잖아. 그런데 막상 마케팅이 뭐냐고 물어보면 제대로 답변할 수 있는 사람이 별로 없어. 다들 두루뭉술하게만 알고 있다는 거지.

마케팅을 너무 어렵게 생각하지 마. 조금만 쉽게 생각하면 될 것을 복잡하게 다가가니깐 어렵게 느껴지는 걸 수도 있어. 마케팅이라는 개념부터 확실히 숙지하고 시작하면 초보 창업자 딱지는 뗐다고 보면 돼.

자, 그럼 이제 마케팅의 개념부터 알아볼까? 초등학생이 된 것처럼 쉽게 접근하자고. '마케팅'이란 단어를 쪼개면, '마켓(market)'과 '현재 진행형(ing)'이 합쳐졌다는 걸 알 수 있어. 있는 그대로 의미를 해석하자면 '시장(물건을 사고파는 곳)에서 일어나는 일'이라는 단순한 뜻이야.

이에 대해 1985년 미국 마케팅협회에서 '마케팅은 개인이나 조직의 목표를 충족시키는 교환을 창조하기 위해 아이디어, 제품, 서비스의 창안, 가격 결정, 촉진, 유통을 계획하고 실행하는 과정'이라고 정의 내렸지. 물론 이건 다소 고전적인 뜻이고, 현대의 마케팅은 사회적 가치에 대한 개념까지 포함하고 있어.

위의 정의를 보다 쉽게 풀어보자면 시장에서 물건을 사고팔 수 있도록 상품 아이디어를 만드는 단계, 그리고 제조·배송·판매 단계마다 전략을 세우는 것을 마케팅이라고 말하는 거야. 예전엔 대기업이나 중소기업에서만 사용하던 마케팅이란 단어가 점차 보편화되면서 자영업자들도 도입하게 됐지.

1990년도 이전까지는 물건을 만들기만 하면 팔렸지만, 고도 경제성장을 거치면서 소비자의 기호가 다양해짐에 따라 어떻게 해야 제품이 잘 팔리는지 고민해야 하는 시기가 도래했어. 아무런 홍보도 하지 않고 가만히 있기만 하면 소비자들이 제품을 사주지 않는 세상이 된 거야.

따라서 경영학에서는 소비자의 다양한 기호에 맞는 마케팅을 구현하기 위해 마케팅 믹스, 흔히 '4P 전략'이라고 부르는 4가지 전략을 적절하게 잘 섞어서 사용해야 한다고 말해.

4P 전략이란 4가지 P, 즉 '제품 전략(Product)', '유통/입지 전략(Place)', '가격 전략(Price)', '촉진 전략(Promotion)'을 시장 환경에 따라 효율적으로 섞어서 접근해야 고객의 만족을 이뤄낼 수 있다는 걸 의미해.

다시 한 번 의미를 풀어보자면, 어떤 상품을 만드는지, 어떻게 광고해야 하는지, 상품을 판매할 장소를 어떻게 고르는지, 유통 물류를 어떻게 해결해야 하는지, 그리고 가격은 어떻게 책정해야 하는지 등의 전략을 세우는 모든 활동을 마케팅 활동이라고 이해하면 될 거야.

이걸 카페에 적용하면 어떤 커피를 만들고, 어떤 스타일의 카페를 가지고, 어떤 상권 혹은 어떤 소비자층을 대상으로 가격을 정하고, 또 이 제품을 어떻게 홍보할지 전략을 세우는 활동을 모두 마케팅이라고 생각하면 돼.

시장을 분석하라
– SWOT과 3C 분석

옛말에 '적을 알고 나를 알면 백전백승'이라고 하지. 어떤 싸움이든 나와 상대방을 정확히 분석하면 효과적인 공략법을 세울 수 있다는 얘기야.

사실 마케팅도 마찬가지거든. 마케팅은 항상 분석에서부터 시작해. 분석 기법에는 여러 가지가 있지만, 이 책에서는 일반적으로 통용되는 'SWOT 분석'과 '3C 분석'을 소개할게.

SWOT 분석과 3C 분석은 주변 환경을 분석하기 위한 툴로서, 이를 활용하면 좀 더 쉽고 객관적인 마케팅 전략 수립이 가능해져. 경영학을 공부하거나 마케팅 업무 경험이 있는 게 아니라면 굉장히 낯설게 느껴지는 단어일 거야. 이를 카페 창업에 빗대서 설명하면 상권분석에 가깝다고 할 수 있어.

SWOT 분석이란 어떤 기업의 내부 환경을 분석해서 '강점(Strength)'과 '약점(Weakness)'을 파악하고, 외부 환경을 분석하여 '기회(Opportunity)' 요인과 '위협(Threats)' 요인을 찾아내는 거야. 이를 토대로 강점은 키우고, 약점은 보완하며, 기회는 살리고, 위협은 제거하는 전략이지.

다음으로 3C 분석이란 '고객(Customer)'과 '경쟁사(Competitor)' 그리고 '자사(Company)'를 분석하는 툴을 말해. 어떤 프로젝트든 이 3가지 요소를 제대로 분석하지 못하면 엉뚱한 고객에게 엉뚱한 마케팅을 구사하는 실수를 범할 수 있어.

자사와 경쟁사를 알면 고객에게 어떻게 접근하는 게 효과적인지 알 수 있지. 3C 분석이야말로 '지피지기면 백전백승'이라는 말을 잘 보여주는 분석법이라고 할 수 있어.

그럼 지금부터 앞서 설명한 분석법을 토대로 크레이저커피 외대점을 예시로 들어서 상권을 어떻게 분석하는지 자세히 살펴볼게.

강점(STRENGTH)

- 최고의 로스팅 기술로 맛의 차별화 가능
- 풍부한 카페 오픈 경험을 토대로 다양한 운영 전략 구상
- 대학생, 직장인 손님의 입맛에 맞는 다채로운 메뉴 구성
- 라떼 아트 챔피언 등 국내 최고의 바리스타 보유
- 국내외 유명 바리스타들이 방문하는 카페로서 이문동 일대
  파워브랜드로 자리매김

약점(WEAKNESS)

- 작은 규모의 매장은 카페의 정체성을 보여주기 쉽지 않음
- 주말 매출 부진 시 인건비 부담 발생
- 오너가 상주하지 않아 직원 인건비 비율이 높음

기회 요인(OPPORTUNITIES)

- 대학생 8천 명, 교직원 1천 명, 인근 주민 등 유동인구의 수가
  상당히 많은 편
- 등하교, 출퇴근, 점심시간 등 일정한 커피 소비 패턴을 보임
- 경쟁자가 비교적 적음

- 외대 후문 근처에 구내식당이 있어 집객 효과가 높음
- 대학 상권 특성상 입소문을 잘 타면 강력한 브랜드로 성장
- 커피 맛을 카페 선택의 기준으로 삼는 고객층이 탄탄하게 형
  성돼 있음

위협 요인(THREATS)
- 메인 도로 맞은편에 위치해 고객의 동선이 다소 불편함
- 향후 대형 카페가 들어오면 위협적인 경쟁자가 될 수 있음
- 경쟁자들이 저가 전략을 구사할 수 있음
- 이문동 일대가 재개발되면 매출 감소가 발생할 수 있음
- 방학 중 매출 부진 예상

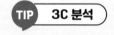

고객(CUSTOMER)
- 인구통계학적 특성(대학생 70%, 인근 주민 20%, 교직원 10%)
- 저렴한 가격, 편리성, 품질, 다양성을 추구하는 고객
- 대학생 특성상 브랜드 충성도 및 재구매율 높음
- 테이크아웃 커피 선호도 높음

- 외대 상권은 일반 대학 상권과 달리 가격과 품질에 대한 고객 수용도가 높은 편
- 방학 중 대학생 유동인구가 현격하게 줄어듦
- 교직원들의 커피 소비량이 매우 높음
- 인근 주민이 커피를 테이크아웃 해서 대학 캠퍼스 내에서 시간을 보내는 경우가 많음
- 대학생들의 입소문이 빠른 만큼 부정적 여론이 조성되면 카페 운영이 힘들어질 수 있음

경쟁사(COMPETITOR)
- 바로 옆에 이문동 일대에서 매출이 가장 많은 카페가 위치
- 해당 경쟁사는 대학생들을 상대로 강력한 브랜드 포지셔닝을 구축하고 있음
- 그밖의 중소 규모의 카페가 20곳 가량 운영 중
- 매출 1위 카페를 제외하고는 강력한 경쟁사 없음
- 매출 1위 카페의 경쟁력은 커피 맛이나, 직원들의 인기에 힘입어 입소문을 탔다는 주변 평가도 있음
- 외대 상권의 특성상 규모가 큰 매장이 없어 대형 프랜차이즈 카페 진입이 어려워 보임
- 단, 후문에 위치한 대형 미용실에 카페가 들어온다면 향후 매

출에 영향을 줄 수 있음

- 외대 정문과 후문 상권은 위치상 서로 경쟁한다고 볼 수 없음

자사(COMPANY)

- 현재까지 커피 맛으로는 경쟁자들에 비해 비교우위를 가짐
- 다수의 카페 오픈 경험 덕분에 매장 형태 및 상권별로 다양한 운영 전략 보유
- 각종 대회 수상 이력을 바탕으로 고객에게 전략적 접근 가능
- 다른 개인 카페에 비해 우월한 홍보 및 판촉 역량 보유
- 프랜차이즈 사업 경험에서 비롯된 운영 매뉴얼 완비
- 오너가 외대 출신이라 온라인 커뮤니티 홍보 가능
- 원두를 직접 로스팅해서 원가 우위 확보
- 원가 절감으로 인해 소비자 가격을 낮출 수 있음

쪼개고 정하고 자리잡는 STP 전략

어떤 업계든 전문적인 내용을 얘기할 때는 꼭 어려운 단어를 사용하곤 하지. 예를 들어 지금부터 설명하려는 STP 전략은 그냥 읽으면 무슨 말인지 하나도 알아들을 수 없어.

그런데 막상 풀어서 설명하면 무슨 뜻인지 금방 이해할 수 있을 만큼 쉬운 내용이야. 그러니 먼저 STP 전략을 구성하는 단어의 의미부터 설명할게.

S는 'Segmentation'이고, T는 'Targeting'이며, 마지막으로 P는 'Positioning'이야. 하나하나 풀어 보니 별 거 아니지? 뜻은 다음과 같아.

Segmentation : 시장 세분화

Targeting : 타기팅, 목표 시장 설정

Positioning : 포지셔닝, 자리매김하기

이걸 설명하자면, 시장을 일정한 기준으로 쪼개고, 그중 내가 제공할 제품이나 서비스에 최적인 시장을 목표로 해서, 나의 제품 혹은 서비스의 이미지를 어떻게 고객의 머릿속에 자리매김하느냐에 대한 문제를 다루는 내용이지.

처음에는 STP 전략이라는 말이 너무 어렵게 들릴 수도 있지만, 단어 하나하나의 의미만 알고 따라 해본다면 혼자서도 전략을 수립할 수 있으리라고 확신해. 그럼 지금부터 자세한 설명을 시작할게.

☕ Segmentation (시장 세분화)

카페를 이용하는 전체 소비자 시장을 쪼개는 작업이라고 생각하면 돼. 시장을 세분화하는 것은 기본적으로 몇 가지 기준을 가지고 시작하는 거야.

인구통계적 기준(연령, 성별, 직업, 수입 등), 지리적 기준(도시

시장 세분화

세분화 요소		세분화 기준					
인구 통계적 기준	성별	남성			여성		
	나이	유아기 (0~6세)	아동기 (7~12세)	청소년기 (13~19세)	청년기 (20~30대)	장년기 (40~60대)	노년기 (60대 이상)
심리적 기준	생활 양식	커피 구매와는 거리가 있음		출퇴근, 등하교 등 하루 일과의 일부로 커피를 구매		여유로운 시간 혹은 약속 장소로 카페를 이용	
지리적 기준	지역	지방 소도시		광역시		서울 및 수도권 등의 밀집 지역	
행동적 기준	구매력	커피를 애용하지 않음			충분한 구매 의사가 있고 카페를 애용함		
	소비자 편익	믹스커피 선호	저렴한 원두커피	커피 품질 중시	디저트 등 후식으로	데이트 장소로 카페 이용	공부 혹은 업무로 카페 이용

규모, 인구 밀도, 기후 등), 심리적 기준(성격, 생활양식, 종교관 등), 행동적 기준(사용량, 빈도 등) 등 4가지 기준으로 시장을 나누는 게 일반적인 방식이야.

최근에는 사람들의 소비 성향이 워낙 다양해져서 더욱 많은 분류법으로 시장을 세분화하고 있지만, 카페 창업에서는 4가지 기준으로도 충분할 것 같아. 위의 표는 크레이저커피 외대점을 오픈할 당시에 사용한 거니까 참고하도록 해.

☕ Targeting(타기팅, 목표 시장 설정)

세분화 작업 후에는 그중 어떤 고객들을 목표로 내 카페의 서비스나 제품을 판매할 것인지 정해야 해.

목표 시장을 설정한다는 것은 STP 전략 중에서도 가장 핵심이라고 할 수 있어. 목표 시장을 어떻게 설정하느냐에 따라 사업 운영 방식과 마케팅 방식이 달라지거든.

다만 목표 시장을 너무 포괄적이거나 세부적으로 잡으면 마케팅 효율이 크게 떨어질 수 있으니 주의하라고.

예를 들어 20~60대의 남녀 고객을 대상으로 카페를 창업한다고 하면 시장이 너무 광범위해서 효과적인 마케팅 전략을 세울 수 없어. 모두를 만족시키는 카페란 존재하지 않는다고.

반대로 스페셜티 커피를 즐기는 20~30대 여성들을 대상으로 카페를 창업하겠다고 가정하면 시장이 너무 작고 고객군을 찾기 어렵기 때문에 창업을 해도 매출이 얼마나 나올지는 미지수지. 전략 자체를 수립하기도 어려울 거야.

따라서 그대의 자원과 장점으로 충분히 공략할 수 있다고 판단되는 고객군을 찾아서 목표 시장으로 정해야 한다는 걸 꼭 명심해야 해.

뒤의 표는 세분화된 시장에서 내가 목표로 하는 시장을 색

시장 세분화 - 목표 시장 설정

세분화 요소		세분화 기준					
인구 통계적 기준	성별	남성			여성		
	나이	유아기 (0~6세)	아동기 (7~12세)	청소년기 (13~19세)	청년기 (20~30대)	장년기 (40~60대)	노년기 (60대 이상)
심리적 기준	생활 양식	커피 구매와는 거리가 있음		출퇴근, 등하교 등 하루 일과의 일부로 커피를 구매		여유로운 시간 혹은 약속 장소로 카페를 이용	
지리적 기준	지역	지방 소도시		광역시		서울 및 수도권 등의 밀집 지역	
행동적 기준	구매력	커피를 애용하지 않음			충분한 구매 의사가 있고 카페를 애용함		
	소비자 편익	믹스커피 선호	저렴한 원두커피	커피 품질 중시	디저트 등 후식으로	데이트 장소로 카페 이용	공부 혹은 업무로 카페 이용

칠해서 타겟 시장을 명확하게 구분하는 방법이니 그대들도 자기만의 기준을 설정해서 따라하도록 해.

📋 Positioning (자리매김)

마지막으로 타깃으로 정한 고객들에게 내 카페가 어떤 포지션으로 다가가야 하는지 고민해야 돼. 포지셔닝은 바로 브랜드의 이미지라고 생각하면 되는데, 쉽게 말해 카페의 콘셉트를 뜻해.

포지셔닝을 잘한다는 것은 결국 어떻게 하면 카페라는 제품을 경쟁 카페들과 다른 모습으로 보일 수 있게 만드냐는 거야. 즉, 경쟁 제품들과 차별화를 해서 고객들이 다른 카페에서 찾을 수 없는 이미지를 연상하게끔 만드는 거지.

쥬씨라는 브랜드를 예로 들어 볼까? 쥬씨라고 하면 저렴한 생과일 주스를 파는 테이크아웃 카페라는 이미지가 딱 떠오르잖아. 이렇게 카페의 특성이 고객의 머릿속에 어떻게 인식되게 하는가를 고민하는 것이 바로 포지셔닝 전략이야.

카페에서는 보통 가격, 주로 내세우는 제품(커피, 디저트, 브런치, 음료 등), 인테리어, 서비스, 품질 등을 키워드로 해서 포지셔닝을 하지. 그래서 경쟁자들과 차별화된 이미지를 한눈에 보기 위해 포지셔닝 맵이라는 것을 이용하기도 해.

옆에 보이는 포지셔닝 맵은 내가 실제로 사용한 예시야. 거듭 말하지만 보여주는 모든 예시는 그대의 상황에 맞도록 수정해야 한다는 걸 절대로 잊으면 안 돼.

앞에서도 거듭 말했지? 매장마다 상황이 다르니 상권분석이든, 인테리어든, 마케팅 전략이든 전부 그대의 상황에 맞춰서 해야 한다고. 이 책을 읽는 내내 이걸 명심하길 바라.

포지셔닝 맵

마케팅 믹스의 기본, 4P 전략

지금까지 시장, 환경, 그리고 고객을 분석했어. 어떤 고객들에게 어떻게 우리 카페를 어필하고, 또 어떻게 인식되고 싶은지 정했잖아. 그럼 이제 고민할 것은 '어떻게 하면 제대로 실행할까'라는 거지. 실행 계획을 세우는 것을 흔히 마케팅 전략을 수립한다고 표현해.

다시 정리하자면 3C 분석, SWOT 분석, STP 전략을 통해 분석한 시장과 고객, 그리고 나의 카페에 대해 알아본 후에는 어떻게 해야 성공할 수 있을지 구체적인 전략을 수립하는 단계로 나아가야 한다는 거야.

전략 수립에 필요한 대표적인 요소가 4가지 있는데 이 4가지 요소가 무엇이고, 이들을 얼마나 효과적으로 조합(마케팅 믹스)해야 마케팅 전략이 성공할 수 있는지 살펴보자고.

마케팅 전략의 4요소는 우리가 물건을 구매하는 흐름을 따라가면 쉽게 알 수 있어. 자, 그대가 물건을 살 때를 상상해봐. 그대는 TV 혹은 SNS를 보다가 '광고(Promotion)'를 통해 특정 물건의 정보나 서비스를 알게 되지. 그러다가 그 물건을 좀 더 알기 위해 매장이나 홈페이지와 같은 '유통망(Place)'을 찾아가잖아. 그리고 제품이 내 마음에 쏙 들면 '가격(Price)'을 치르고 '제품(Product)'을 사는 거야.

반대로 판매자 입장에서는 '제품(Product)'을 개발하고, 팔기 좋고 이윤이 적정한 '가격(Price)'을 책정하고, '광고(Promotion)'를 통해 오프라인 매장이나 홈페이지와 같은 '유통망(Place)'에서 제품을 판매하는 거지.

구매 혹은 판매의 흐름 속에 마케팅의 4요소, 즉 4P가 다 들어간 거야. 그대가 그토록 어려워하던 마케팅 전략이 사실 일상에 녹아 있다는 걸 알겠지? 정리하자면 제품(product), 가격(price), 광고(promotion), 유통(place)에 관한 전략을 좀 더 구체적, 효과적으로 설정하고 실행 계획을 만드는 게 '4P 전략' 수립이라는 과정이야.

카페의 4P - 제품(Product) 전략

그대는 카페에서 판매하는 제품의 정의가 뭐라고 생각해? 커피 같은 음료? 아니면 MD 상품들? 좀 더 넓게 본다면 카페라는 공간 자체? 그래 맞아. 지금 그대가 생각한 것들 모두 제품이라고 할 수 있어. 다만 이 제품이라는 개념을 좀 더 포괄적으로 생각해볼 필요가 있지.

제품이란 것은 그대가 지금껏 생각했던, 카페에서 판매하고 있는 음료와 같은 물질적인 상품뿐만 아니라 카페에서 제공하는 서비스, 바리스타, 인테리어, 아이디어 등이 모두 포함된 넓은 개념을 말하는 거야. 우리가 흔히 말하는 브랜드라는 것이 바로 이 포괄적인 개념이야.

경쟁 제품들과 차별화시키기 위해 사용하는 모든 언어, 기호, 디자인, 상징, 명칭 등의 결합을 브랜드라고 하지. 고객들이 제품을 선택하는 데 있어서 가장 강력하면서도 간단한 기준 중 하나가 바로 브랜드야.

그래서 브랜드를 잘 만들었다는 말은 제품 전략이 성공했다는 것을 뜻하는 거라고 보면 돼. 그렇기에 그대는 제품 전략이란 것을 단편적으로 생각하지 말고 몇 가지 요소를 복합적으로 구성한 뒤에 잘 버무려야 해.

그 요소란 것을 꼽아보자면 첫째로 커피로 대표되는 카페 음료, 둘째로 카페의 이름이나 로고 같은 네이밍, 셋째로 바리스타의 근무 태도부터 시작해서 음악, 접객 방법 등의 서비스, 마지막으로 카페를 표현하는 인테리어, 매장에 비치된 제품들의 디자인과 같은 심미적인 부분이야.

🥤 카페의 음료, 사이드 메뉴 및 MD 상품 전략

설빙, 공차, 쥬씨 같은 브랜드의 예시를 들어볼게. 이 브랜드들을 보고 그대는 어떤 이미지를 떠올렸지? 설빙은 빙수, 공차는 밀크티, 쥬씨는 과일 주스를 파는 카페라는 걸 떠올렸겠지.

위 브랜드들은 자기 매장에서 파는 제품을 명확하게 특정하고 거기에 맞는 가격과 유통 전략들을 펼쳤지. 결과는 아시다시피 대성공이었어. 모든 마케팅 전략의 시작은 결국 제품이야. 제품을 정확히 알아야 잘 팔 수 있는 거잖아.

그래서 그대가 카페를 창업하기 전에 어떤 제품을 팔 것인지 명확하게 정해야 한다는 거야. 예를 들어 커피도 팔고 차도 팔고 뭐도 파는 식으로 특색이 없다면 결국 그대의 카페는 흔하게 널린 평범한 카페가 될 수밖에 없어.

물론 다양한 제품을 구성하는 건 대형 매장이나 관광지처럼 불특정 다수의 고객을 대상으로 하는 곳에서는 그리 나쁜 전략이 아냐. 하지만 대부분의 사람이 그렇듯이 이 책을 읽고 있는 그대들도 제한된 예산으로 제한된 장소에서 카페를 창업하려는 거잖아?

차별화된 제품이 없다면 성공 확률이 현저히 떨어진다는 것은 어린 학생들도 알 만한 얘기가 아닌가 싶네. 그래서 가급적이면 그대가 가장 잘할 수 있으며 잘 알고 있는 제품군을 선택해서 카페를 창업하는 게 나아.

제품 특성으로 카페를 나눈다면 커피를 중시하고 커피 자체의 개성을 표현하기에 좋은 로스터리 카페, 밀크티나 스무디 같은 특정 음료를 전면에 내세우는 카페, 브런치나 샌드위치, 브라우니, 초콜릿, 케이크 등 사이드 메뉴를 전면에 내세우는 카페, 혹은 애완동물, 플라워 등의 테마를 전면에 내세우는 카페 등이 예시가 될 수 있지.

그대가 택해야 하는 건 결국 가장 좋아하고 잘할 수 있는 분야라고. 그래야 성공할 확률이 높아져. 그저 트렌드에 따라 유행하는 카페를 선택하는 건 어리석은 짓이라 할 수 있어.

버블티 카페가 유행하던 시절이 있었지만 그게 얼마나 지속되었는지 기억해? 그저 수요가 있다고 해서 특정 제품의 카페를 하는 게 아니라, 그대가 가장 자신 있게 내세울 수 있는 제품을 선택하는 게 제품 전략의 출발점이야.

예컨대, 그대가 커피를 정말 좋아해서 커핑 스터디부터 시작해서 다양한 커피 공부도 했고, 커피를 중시하는 카페에서 근무한 경험도 풍부하다고 하면 커피라는 음료에 충실한 카페를 만드는 게 좋지 않을까?

막상 창업하려니 스스로 뭘 좋아하고 뭘 잘할 수 있는지 모르겠다고? 그럼 창업할 준비가 전혀 안 된 거니까 카페 창업은 꿈도 꾸지 마. 그런 마인드라면 당신의 창업을 말리는 게 내가 해줄 수 있는 최고의 컨설팅이야.

🔲 커피의 기본, 원두

카페라는 단어의 어원이 뭔지 생각해본 적 있어? 카페는 커피를 파는 곳으로 알려졌지만, 따지고 보면 커피라는 단어 그 자체야. 이런 의미에서 카페의 기본이자 본질적으로 중요한 제품은 커피야. 원두의 품질에 따라 카페 이미지가 좌우될 수 있다는 말이지.

그런데 아직도 많은 사람이 커피 맛이 뭐가 중요하냐고 생각해. 물론 최근엔 아메리카노를 즐기는 사람들이 많아지는 추세라 커피 맛을 꼼꼼히 따지는 사람도 늘어났어. 한 마디로 지금 커피 시장의 트렌드는 커피를 그저 카페인으로 생각하는 부류와 커피 맛을 따지면서 마시는 부류로 나눠졌다는 거지.

문제는 카페인으로만 생각하는 부류는 가격적인 메리트, 즉 싸게 마시려는 목적이 있기 때문에 저가 전략으로 운영해야 이들을 만족시킬 수 있어. 뒤에서 자세히 설명하겠지만 저가 전략은 장기적으로 성공하기 힘들어. 1~2년 장사하고 끝낼 게 아니라면 저렴한 가격 말고 좋은 제품으로 성공해야지.

카페의 기본은 커피이기 때문에 무조건 커피 품질이 일정 수준 이상은 되어야 해. 물론 수익이라는 측면을 고려해야 하기 때문에 무조건 비싸고 품질 좋은 원두를 사용할 수는 없잖아? 그래서 카페를 창업할 때 가장 중요하게 생각해야 하는 게 바로 원두 선정이야.

요즘엔 원두를 납품하는 곳이 워낙 많아졌고, 바리스타의 실력 또한 좋아졌기 때문에 괜찮은 원두를 선택하는 게 예전만큼 어렵지는 않아. 창업자들이 가성비 좋은 원두를 선택할 수 있는 시장이 형성되었거든.

그래서 지금부터는 원두를 어떻게 선정해야 하는지 기본적인 접근 방법을 알려주도록 할게. 당연히 비싸고 품질 좋은 원두를 쓰면 좋지만, 수익을 내는 것이 창업의 목적이기 때문에 절충안을 찾는 방법을 얘기한다는 걸 명심했으면 해.

1. 원두 납품 업체의 선정

어떤 업계나 마찬가지겠지만 물류 공급 업체를 선정할 때는 안정적이고 탄탄한 업체를 선정하는 게 좋아. 언제 망해도 이상하지 않을 만큼 작은 업체나 주먹구구식으로 돌아가는 업체가 아니라, 주문이나 배송 시스템이 프로그램화되어서 주문부터 배송까지 빠르고 편리한 업체라는 뜻이지.

나아가서는 이 업체의 원두를 사용함으로써 얻을 수 있는 편의성에 뭐가 있는지 고려해야 돼. 일단 원두 공급 업체가 제공하는 서비스를 잘 봐야 한다는 거지.

예를 들어 원두 설명이 담긴 홍보물을 제공한다든가, 원두 외의 부자재를 동시에 공급할 수 있다든가, 카페 운영에 대한 조언을 받을 수 있다든가, 주기적으로 매장을 방문해서 원두 퀄리티를 유지시켜준다면 금상첨화지.

대부분의 업체가 가능하다고는 말하는데, 막상 계약을 하고 납품을 받았을 때 처음 했던 말들이 전부 엉터리인 걸 알게 되면 진짜 화가 나. 그래서 중간에 납품 업체를 바꾸게 되는 일까지 생기곤 해.

그러니 창업 전에 원두 납품 업체를 직접 방문하는 게 좋아. 인터넷이나 전화로 원두 샘플을 받은 다음 맛을 테스트하는 것만으로 업체를 선정하는 게 아니라, 직접 방문해서 주먹구구식으로 운영되는 곳인지 아닌지 판단해야지. 인터넷에 떠도는 말만 믿지 말고 직접 겪어본 다음에 납품 회사를 선정하는 게 제일 좋은 방법 아니겠어?

2. 원두 샘플 테스트 방법

창업자들이 원두를 고르는 방법 중 하나가 회사에 샘플을 요청해서 집에서 테스트하고, 커피 맛을 판단하는 거야. 그런데 이 방법에는 근본적인 문제가 있어.

우선 집에는 매장에서 사용하는 장비가 없기 때문에 맛이 다를 수밖에 없어. 에스프레소 머신에서 내린 커피와 핸드드립으로 내리는 커피는 추출 방식의 차이 때문에 필연적으로 맛이 달라질 수밖에 없다고. 즉, 카페에서 내린 커피 맛이 집에서 테스트했던 맛이랑 다르다는 거지.

원두 샘플은 가급적 자신이 사용할 에스프레소 머신에서 테스트하는 게 좋아. 머신이 선정되었다면 원두 샘플을 들고 머신 회사에 가서 테스트하는 것도 하나의 방법이지.

대부분의 머신 회사는 쇼룸을 운영해서 고객들이 테스트할 수 있도록 편의를 제공하거든. 그래서 원두 테스트는 그리 어렵지 않게 할 수 있어. 만약 아직 에스프레소 머신을 선택하지 않았다면 원두 납품 업체에 가서 테스트하는 게 좋아. 머신 세팅 방법이나 원두 세팅 방법도 배울 수 있기 때문에 일석이조의 효과도 있는 셈이지.

3. 매장 특성에 따른 원두 선정

매장에 오는 손님들이 커피를 중시하느냐 아니냐 따져야 해. 예를 들어 그대의 카페가 키즈 카페라든가 애견 카페 등의 테마 카페라면 고객들은 커피에 대한 기대감이 그리 크지 않기 때문에 저가형 원두를 사용해도 크게 문제될 게 없어.

물론 좋은 원두를 쓰면 당연히 좋겠지만, 고객의 기대감이 낮다면 경제적인 측면에서 접근하는 것도 나쁘지 않다는 거야. 원두 납품 업체를 고를 때 맛이 비슷하다면 가격이 좀 더 저렴한 곳을 선정하는 것이 좋겠지.

사실 오픈마켓에서 저렴하게 판매하는 원두를 그대로 유통하는 곳도 많아. 저가로 승부하기 때문에 이것도 나쁘다고는 할 수 없지. 운이 좋다면 저렴하지만 맛도 그리 나쁘지 않은 원두를 구매할 수 있어.

4. 원두 특성에 따른 원두 선정

이건 말로 설명하기엔 좀 어려운 부분이라 대체적으로 이렇게 한다는 것 정도만 얘기해볼게. 일단 어느 카페든 제일 많이 나가는 메뉴가 아메리카노, 그 다음은 카페라떼야.

우리나라는 유럽처럼 에스프레소가 아니라 아메리카노가 대체적으로 많이 나가는 편이야. 그래서 나는 사람들에게 에스프레소 맛을 보고 원두를 선택하지 말라고 해. 에스프레소를 물로 희석한 걸 아메리카노라고 하는데, 에스프레소로 먹으면 맛이 좋던 게 물이 섞이면 애매해지는 원두 블렌딩이 있어서야.

게다가 에스프레소 맛을 볼 줄 모르는 사람들에게는 에스프레소 맛으로 원두를 선정하는 방법을 추천하기도 어려워. 그래서 아메리카노를 만들어서 맛의 뉘앙스를 느끼는 게 원두 선정에 좋은 방법이야.

그리고 요즘은 쌉싸름한 커피 말고도 스페셜티 커피처럼 과일향, 꽃향 등 다양한 맛을 가진 커피를 선호하는 고객도 많아져서 원두를 2종류 이상 제공하는 창업자들이 늘었어.

고객들에게 다양한 선택지를 제공할 수 있기 때문에 매우 좋은 방식이지만, 그라인더를 추가로 구매해야 하고, 재고 관리 비용도 늘어나서 현실적인 비용 문제에 빠질 수 있으니 조심하도록 해.

그리고 두 번째로는 카페라떼에 맞는 원두를 잘 선택해야 한다는 거야. 아메리카노에서는 기가 막히게 맛있는 원두가 우유와 만나면 맛이 떨어지는 경우가 간혹 있어. 이건 배전도의 상태라든가 바디감의 차이에 의한 거라 단순히 우유와 궁합이 안 맞는다고 봐야 해.

그래서 한 가지 원두를 제공한다면 아메리카노와 카페라떼 둘 다에 어울리는 원두를 선정하는 게 중요해. 앞에서 말한 것처럼 좋은 원두 업체들이 많아졌기 때문에 발품을 팔면 이런 원두를 구할 수 있어.

메뉴 구성의 첫 단계는 내 카페의 콘셉트가 뭔지, 대상 고객이 누구인지 파악하는 거야. 콘셉트에 따라 시그니처 메뉴를 중심으로 구성하고, 사이드 메뉴를 배치하면 돼. 간단하지?

예를 들어 커피를 중시하는 곳으로 자리잡고 싶다면 커피를 베이스로 하는 음료를 중심으로 메뉴를 구성하는 거야. 오로지 커피만 구성하고 기타 음료라든가 사이드 메뉴 같은 것은 제외하는 극단적인 경우도 있어.

흔치는 않지만 잘되면 매우 효율적이고, 커피를 잘하는 집이라는 이미지를 심어줄 수 있지. 다만 다양한 고객을 잡지 못한다는 위험 부담도 있어.

만일 에스프레소 메뉴가 아닌 핸드드립 전문 매장으로 콘셉트를 잡았다면, 에스프레소 머신 없이 핸드드립 장비로만 매장을 구성하는 경우도 있어. 이때 고객들에게 다양한 산지의 원두를 중심으로 커피를 선보이면 되는 거지.

만약 카페의 위치가 대학가 혹은 학원가라면 대부분의 고객이 학생일 테고, 그렇다면 커피는 기본적인 메뉴만 두고 학생들이 좋아할 만한 메뉴를 추가로 구성하면 돼. 그렇다고 해서 달달한 음료를 다양하게 많이 배치하는 것보다는 특징적인 음료를 몇 개 내세우는 게 좋아. 선택지가 지나치게 많으면 오히려 고객을 혼란스럽게 만들 뿐이니까.

일단 메뉴 구성을 완료했다면 레시피는 어떻게 하고, 향후 개발은 어떻게 하는지 계획도 좀 세워야겠지. 솔직히 말해서 레시피는 그리 비밀스러운 게 아니야. 유명 카페의 시그니처 음료라든가, 특색 있는 메뉴도 알고 보면 허탈할 정도로 단순한 레시피를 가지고 있거든.

지금 당장 인터넷을 켜서 궁금한 메뉴를 검색해봐. 어떤 사이트든 수십 가지 혹은 수백 가지 레시피가 나올걸? 조금만 따라 해도 그 맛을 얼추 흉내 낼 수 있어.

단, 여기서 숨은 뜻을 찾아낼 수 있어야 해. '얼추' 흉내 낼 수 있다고 했잖아. 그 말인즉슨 흉내는 낼 수 있을지라도 똑같이 재현한다는 건 어렵다는 거지. 음료의 세계를 더 파고 들어가면 그리 쉽지만은 않다는 걸 깨닫게 될 거야.

왜 똑같은 맛이 나오지 않을까? 바로 사용하는 부재료가 다르고, 사용하는 컵이 다르고, 용량이 다르고, 물이 다르고⋯. 맛에 영향을 주는 요소는 많아.

카페 콘셉트와 대상 고객에 맞춰 메뉴를 구성했다면, 다음은 사용할 컵을 선택해야 해. 테이크아웃 컵을 사용할지, 예쁜 유리잔이나 머그컵을 사용할지 선택하는 거야. 그리고 선택한 모양의 잔이나 컵의 용량을 정해야 해.

만약 레시피를 먼저 만든 다음에 컵을 선택한다면 용량 문제로 다시 만들어야 하는 사태가 벌어질 수도 있어. 용량에 맞춰서 다시 하면 맛도 달라질 수 있고 말이지.

컵을 먼저 정하고 용량에 맞는 레시피를 찾아낸다면 금방 그 맛을 따라할 수 있어. 반대로 용량을 먼저 정하고 거기에 맞게 컵을 선택해도 되는데, 이 경우는 용량 제한 때문에 내가 원하는 모양의 컵을 선택하기 어려울 수 있어.

물론 익숙해지면 어떤 방식으로 레시피를 만들든 재료의 양을 조절할 수 있는 감이 생기기는 해. 그러니까 처음부터 그리 걱정하지는 말라고. 시작부터 모든 걸 잘할 수는 없지.

자, 이제 레시피라든가 메뉴 구성하는 방법은 알았지? 그런데 이때 반드시 명심해야 할 것이 있어. 바로 '1재료 2~4메뉴 원칙'이야. 하나의 재료로 반드시 2~4개 이상의 메뉴를 만들거나 활용할 수 있게 해야 한다는 말이지.

하나의 재료로 여러 메뉴를 만들면 재고 관리도 쉽고, 주문 시 한 박스 단위로 주문할 수 있으니 비용도 많이 들지 않으며 공간 활용도 좋다는 장점이 있어.

예를 들어 레몬청을 담는다고 치자고. 레몬청으로 레모네이드를 만들 수 있잖아. 여기에 따뜻한 물을 부어서 레몬티를 추가할 수 있어. 블루베리를 추가하면 블루베리 레모네이드와 블루베리 레몬티라는 메뉴가 2개 더 생기는 거야. 레몬 하나로 4개의 메뉴를 만드는 거지.

생크림으로 또 다른 예를 들게. 생크림으로 만들 수 있는 메뉴가 상당히 많아. 우선 많이 활용하는 게 에스프레소 위에 생크림을 올리는 비엔나 커피, 비슷하게 더치커피 위에 올리는 아인슈페너, 초콜릿과 에스프레소를 조합한 뒤 생크림을 곁들이는 모카크림 등이야.

크레이저커피도 생크림을 활용한 메뉴가 6가지나 되거든. 그렇다 보니 유통기한이 짧은 생크림도 매일 들여와야 할 정도로 활용도도 높고 재고 관리도 어렵지 않아.

마지막으로 오픈 이후에 지속적인 신메뉴 개발은 어떻게 하는지 알아보자고. 카페가 오래 살아남기 위해서는 자신만의 시그니처 메뉴를 지속적으로 판매하는 건 기본이고, 고객들이 식상함을 느끼는 걸 방지하기 위해서라도 주기적으로 신메뉴를 선보여야 해.

그렇지 않으면 고객들이 언제든지 트렌디한 메뉴로 무장한 새로운 카페로 이동하기 마련이거든. 그러니 다들 꾸준히 신메뉴를 개발하기 위해 노력하는 거잖아.

그런데 신메뉴를 만드는 재료에 대해 한 번쯤 생각해보자고. 신메뉴라는 게 기존 재료를 잘 조합해서 만들기도 하지만, 새로운 재료를 가지고 만드는 경우도 제법 있잖아? 이 말을 해석하자면 새로운 재료를 만드는 회사들이 있다는 거야.

쉽게 말해 파우더와 시럽 등을 제조하는 회사들도 경쟁력을 강화하기 위해 새로운 파우더나 시럽 등을 만든다는 뜻이야.

신제품 출시에 대한 정보를 이메일이나 DM을 통해 얻어낸다면 쉽게 신메뉴 레시피를 얻을 수 있어. 정보가 부족하다면 카페 유니온과 같은 카페 공동체에서 진행하는 세미나에 참여해도 좋겠지. 또한 매년 진행되는 카페쇼나 커피 전시회를 통해 새로운 재료에 대한 정보를 입수할 수 있어.

요즘 세상은 정보 전쟁이야. 발 빠르게 정보를 얻지 못하면 남들보다 뒤처지는 결과만 얻게 될 거야. 그러니 신메뉴 개발은 기존 재료를 가지고 조합하는 것보다, 새로운 정보를 통해서 하는 게 좋아.

☕ 카페의 네이밍

제품을 정하고 나면 제품을 잘 어필할 수 있는 요소들에 대한 전략을 완성해야 해. 그중 첫 번째로 카페의 이름과 로고를 들 수 있지. 어떤 카페인지 고객들에게 한눈에 설명할 수 있거나, 이름만으로도 어필할 수 있는 강력한 네이밍이 좋아.

성공한 카페 대부분은 이름에서 어떤 곳인지 어느 정도 추측할 수 있지. 아니면 뭔가 있어 보이는 강력한 네이밍, 혹은 위트 있는 네이밍, 오너의 특징을 잘 표현한 네이밍 등을 가지고 있다고 봐야 해.

쥬씨는 누가 들어도 과일 주스를 파는 가게 같고, 빽다방은 요식업에서 최고의 주가를 달리고 있는 백종원 대표의 이름 덕을 톡톡히 보고 있으니 말이야.

또 하나의 예로 내가 운영하는 크레이저커피의 네이밍에 대해 얘기해볼게. '크레이저'는 'C.Razer'라는 합성어야. C라는 알파벳에는 'Coffee, Café, Culture, Creative'라는 의미가 담겨 있고, 이 모든 것들이 커피와 관련된 'Contents'라는 거야. 우리는 커피에 관련된 모든 콘텐츠를 다룬다는 의미로 C라는 알파벳을 함축적으로 사용했어.

그리고 Raze는 '파괴하다'는 의미의 단어인데, 기존의 커피 시장과 커피 문화를 부수고 새로운 시장을 개척해서 우리만의 커피 문화를 이루겠다는 야심찬 뜻을 담고 있지.

그렇게 'C'와 'Raze'를 합쳐서 'C.Razer'가 된 건데, '커피에 미친 녀석들'이라는 의미를 나타낸 거야. 그래서 지금도 사람들은 우리를 커피에 미친 회사라고 알고 있지.

우리는 회사 네이밍을 더욱 강렬하게 만들기 위해 곳곳에 '이래 봬도 커피 좀 합니다', '커피에 미친 사람들', '다이렉트 트레이딩을 통한 커피 품질 향상'이라는 문구를 배치해서 커피에 강한 카페라는 것을 강조하고 있어.

우리 카페의 이름이 가장 좋은 예시라고는 할 수 없지만, 나름대로 고객들에게 많이 각인되고 있는 걸 보면 네이밍 예시로 들기에 나쁘지 않다고 생각해.

☕ 고객을 대접하는 서비스

'고객은 왕이다!'라는 문구가 언제부터 생겼는지 모르겠지만 지금도 많은 자영업자가 신봉하는 문구야. 나는 이 문구가 그리 달갑지 않아. 모든 고객을 왕처럼 대했다가는 별의별 진상 고객 때문에 속이 썩어 문드러지기 십상이지.

그래서 왕으로 대접할 만한 사람만 대접하는 게 낫다는 생각이 들기도 해. 이게 무슨 말이냐면 이제는 고객에 대한 서비스도 맞춤형으로 할 필요가 있다는 거야. 언제까지 고객은 왕이라며 말도 안 되는 요구까지 들어줄 거야?

물론 접객의 기본은 무조건 '고객의 입장에서!'라는 마인드야. 고객이 만족할 만한 서비스를 제공하는 것이 서비스 전략의 출발점이니까 말이야.

다만 매장이나 제품의 형태에 따라 고객의 성향이 달라질 테니 고객마다 서비스 매뉴얼을 달리 해야 한다는 거지.

서비스는 곧 카페의 시스템이야. 음악 선정부터 시작해서 고객 응대 매뉴얼까지 매장을 운영하는 데 있어서 꼭 필요하면서도, 매장을 체계적으로 설명할 수 있는 시스템이라는 거지.

그리고 이제 고객들도 시스템을 이해하고 따라오는 시대적 분위기가 조성됐어. 고객들도 매장의 시스템대로 주문하고 서비스받는 시대가 됐다는 거야.

그래서 최대한 고객들이 편하게 느끼고 직원들이 효율적으로 제품을 판매할 수 있는 서비스 매뉴얼이 중요해. 제품이 좋고 브랜드가 좋아도 매장에서 벌어지는 서비스가 엉망이면 고객들이 다시 찾아오겠어? 서비스가 좋아야 재구매, 재방문으로 이어지지.

즉, 좋은 제품과 좋은 네이밍은 고객들을 끌어모으는 미끼 역할이고 좋은 서비스는 고객을 만족시키고 다시 방문하게끔 하는 가교 역할을 하는 거야. 서비스 매뉴얼은 마지막 장에 구체적으로 예를 들 테니 참고해서 각자의 매장에 맞게 재설정하는 게 좋아.

🗄 카페의 인테리어

인테리어에 관한 내용은 앞장에서 실무적인 의미로 설명했지? 이번에는 심미적인 의미로 다가가도록 할게. 예전부터 내려오는 말 중에 '보기 좋은 떡이 먹기도 좋다'고 하잖아. 인테리어도 같은 맥락으로 이해할 수 있어.

우선 지나가는 행인의 이목을 끌어야 해. 일단 한번 들어오게 만들면 그대가 준비한 최고의 음료와 서비스를 보여줄 수 있는 거잖아. 우리가 사람을 만날 때 첫인상이란 게 정말 중요하듯 인테리어는 고객들에게 매장의 첫인상이야.

그런데 작은 매장의 경우에는 창업에 들어가는 예산이 적다 보니 인테리어 비용을 아끼는 경우가 간혹 있어. 사실 작은 규모로 창업할수록 매장 인테리어에 신경 써야 해. 고객들은 볼

품없는 가게에 들어가지 않으니까 말이야. 그대도 고객의 입장이라면 분명 그런 매장에는 잘 들어가지 않을걸?

물론 인테리어 비용을 무작정 많이 들이라는 건 아니야. 작은 비용으로도 괜찮은 소품을 구매할 수 있고, 조명이라든가 구제 제품들을 잘 활용해서 생각보다 예쁜 인테리어를 하는 경우도 많이 봤어. 약간의 발품만으로 좋은 인테리어를 할 수 있다면 그게 최고의 성과 아니겠어?

인테리어 전략은 바로 첫인상을 좋게 만드는 개념이라는 걸 명심해. 매장의 성격을 잘 표현하고, 고객들에게 좋은 인상으로 다가가야 한다는 걸 꼭 명심하라는 거야.

카페의 4P – 가격(Price) 전략

그대는 분명 상권에 맞는 좋은 제품을 만들 계획을 세웠을 거야. 이제는 그대가 만든 제품, 즉 카페에서 파는 음료나 사이드 메뉴 가격을 어떻게 설정할지 고민해야겠지?

가격을 정한다는 건 생각보다 어려운 일이야. 마케팅 믹스에 해당하는 4가지 요소 중 유일하게 수익을 결정하는 변수가 바로 가격이고, 가격은 판매량에 직접적인 영향을 미치고, 궁극적으로는 그대의 이익을 결정하는 요소가 되기 때문이야.

요즘처럼 카페가 넘쳐나는 시기에는 고객에게 카페 선택권이 많아서 가격은 굉장히 민감한 요소가 되지. 그러다 보니 많은 카페가 할인 전략을 펼쳐서 너도 죽고 나도 죽는 지옥 같은 상황에 빠지는 거잖아.

가격 결정에 대한 유명한 일화를 예로 들게. 극장에서 파는 팝콘 알지? 극장 수입은 팝콘에서 나온다는 말이 있어. 팝콘의 판매 마진이 가장 크기 때문이야.

1960년대에 미국의 한 극장 체인에서 팝콘 판매가 부진해서 원인을 찾아본 일이 있었지. 한창 유행하던 1+1 행사로 한 박스 가격에 한 박스를 더 주는 마케팅을 했는데도 사람들이 팝콘을 잘 사먹지 않는 거야.

회사는 한 명이 팝콘을 두 박스나 사면 탐욕스러워 보여서 그런 게 아닐까 하는 결론에 도달했지. 그래서 아예 박스 크기를 두 배로 만들고 가격을 조금만 올려서 팔아봤어.

그렇게 일주일이 지난 뒤 판매량을 조사하니까 팝콘 판매량은 물론이고 콜라와 같은 탄산음료의 판매도 무지막지하게 오른 거야. 팝콘을 많이 먹으면 목이 마르니까 자연스럽게 음료수도 마시게 된 거지. 이게 바로 가격 정책 중 하나인 '볼륨 디스카운트(Volume discount)' 전략이야.

비록 극장을 예로 든 거지만 카페를 창업할 때도 비슷한 개념으로 생각하면 돼. 좋은 제품에 어떤 가격을 매겨서 팔아야 고객들에게 외면받지 않는지 알아야겠지.

🥤 원가기초 가격결정법

그대들이 카페를 하는 이유는 다 먹고 살자는 거 아냐? 그렇다면 이윤을 남겨서 월세도 내고 직원 인건비도 내야지. 이윤을 계산하기 위해 많이들 쓰는 게 바로 원가기초 가격결정법이야.

다들 명칭은 모르더라도 본능적으로 알 수 있는 방법이거든. 이윤을 어느 정도 남겨야 매장이 유지되고, 자신의 생활을 영위할 수 있는지 단순하고 합리적으로 생각해서 가격을 책정하는 방법이야.

이 방법이 가장 잘 먹히는 곳은 경쟁자가 별로 없거나 고객이 가격에 그리 민감하지 않은 상권이야. 쉽게 말해 창업자의 입장에서 가격을 결정하다 보니 경쟁 상황이나 시장 상황과 맞지 않는 가격을 책정해서 고객들에게 외면받을 수 있거든.

예를 들어 임대료가 비싼데 경쟁은 치열한 상권에서 매장을 운영하려면 순익이 다소 높은 편이어야 하잖아. 그래서 가격을 높게 설정하면 비싸다는 이유로 고객들이 외면해서 아마 얼마 못 가 카페 문을 닫고 말 거야.

이렇듯 가격 설정이 쉽지만, 주변 상황을 체크하지 못하면 잘못된 가격을 매길 수 있다는 단점이 있으니 신중하도록.

🥤 경쟁기초 가격결정법

말 그대로 경쟁사의 가격 정책에 맞춰서 제품의 가격을 설정하는 거야. 고객의 수요나 원가에 맞췄다기보다 경쟁자들이 현재 시장에서 가격을 어떻게 책정하는지가 더욱 중요한 요인이지.

이게 왜 중요하냐면 분명 경쟁자들도 시장 상황을 고려해서 가격을 책정했을 테고, 고객들도 경쟁사의 가격을 일반적인 커피값으로 인식하고 있기 때문이야.

물론 카페의 특성이라든가 메뉴의 특성, 매장의 규모에 따라 고객이 지불할 수 있는 가격에 대한 역치가 다르겠지.

그래도 비슷한 성격의 매장을 몇 개 골라 가격 정책을 분석해보면 동일 상권에서는 대부분 비슷한 가격으로 커피를 팔고 있을 거야. 그리고 그중 장사가 좀 더 잘되는 매장의 가격을 기준으로 가격을 정하면 적정한 판매가를 알 수 있어.

물론 다른 이미지의 카페들과 가격 비교를 해서 가격을 설정하면 안 되는 거 알지? 최대한 비슷한 이미지나 성격의 카페와 비교해서 제대로 된 가격 설정을 해야 해.

다만 향후 진입하는 카페들이 저가 전략을 펼친다든가, 가격 대비 우수한 매장 규모나 제품 특성을 가지고 있다면 기존에 형성된 가격이 무너질 수 있다는 단점이 있어.

📕 저가격법

이건 사실 내가 제일 싫어하는 방법이지만, 그래도 소개는 해야 할 것 같아. 요즘 저가 프랜차이즈가 많이 생겼잖아.

저가격법은 경쟁이 심하고, 진입 장벽이 낮고, 고객이 자주 찾는 메뉴를 저가에 판매함으로써 단기간에 시장점유율을 높이고자 할 때 사용하곤 해.

이윤을 매우 낮게 책정하는 대신 많이 팔겠다는 전형적인 박리다매 방법이지. 저가격법의 전략 포인트는 저가 메뉴로 고객을 끌어모으고 이윤이 많이 남는 제품을 함께 판매해서 수익을 챙기는 거야.

하지만 이 전략은 장기적으로 성공하기 힘들어. 어떻게 보면 너도 죽고 나도 죽는 길로 갈 수밖에 없는 벼랑 끝 전략이라고나 할까? 이 저가 전략에 대한 비즈니스 모델만 잘 생각해봐도 성공하기 쉽지 않다는 걸 알 수 있어.

우선 박리다매를 할 수 있는 상권은 기본적으로 유동인구가 많은 중심상권이라고 할 수 있어. 중심상권은 당연히 임대료가 높겠지? 기본적으로 매출이 높아야 할 거야. 그래야 임대료를 내고 인건비도 내고 재료비도 마련하겠지.

그런데 매출이 일정 부분 올라가면 직원도 추가로 고용해야 하는 상황이 발생해. 물론 요즘은 인건비를 줄이기 위해 키오스크를 도입하고 있지만, 결국 사람이 해결할 일이 있다는 걸 고려하면 인건비 상승은 어쩔 수 없는 문제지.

결국 매출이 올라도 그에 따른 비용 상승분이 있기 때문에 가져가는 수익은 비슷하거나, 오히려 떨어지는 상황에 빠지는 거야. 게다가 겨울처럼 카페 매출이 30% 이상 떨어지는 계절이 오거나 코로나19 팬데믹 같은 국가적인 이슈가 터지면 어떻게 버티겠어?

그래서 저가 전략은 가급적 안 쓰는 게 좋아. 다만 박리다매를 꾸준히 이뤄낼 수 있는 상권, 혹은 내가 소유한 상가나 건물이라서 임대료가 없다면 충분히 고려해볼 만한 전략이야.

카페의 4P – 유통(Place) 전략

유통의 개념부터 알아볼까? 한자로 풀이하자면 '흐를 유(流)' 자에 '통할 통(通)', 즉 '흘러서 통한다'라는 거야. 좀 더 이론적으로 설명하자면 제품이나 서비스가 생산자로부터 소비자에게 전달되는 하나의 흐름을 뜻하지.

요즘 과일이 농장에서 마트까지 오는 과정에 붙는 유통 마진이 과하다는 뉴스가 많이 보이잖아. 제품이 생산된 후에 최종 소비자까지 오는 과정에서 각 단계의 유통사들이 마진을 붙여서 이윤을 가져가기 때문이야.

이 과정을 전략적으로 결정하는 게 유통 전략인데, 카페에서의 유통 전략은 전통적인 전략과는 조금 다르다는 게 내 생각이야. 기본적인 개념은 같다고 쳐도 카페는 나름의 특성이 있고 그 특성에 맞게 접근 방법을 달리 해야 한다는 거지.

그런고로 나는 카페의 유통 전략을 2가지 개념으로 구분하고 있어. 하나는 전통적인 개념의 유통/물류 개념이야. 그리고 다른 하나는 장소의 개념, 바로 카페가 자리해야 할 위치에 대한 전략이야.

이 2가지 방향으로 전략을 잘 잡는 것이 중요 포인트야. 그런데 두 번째 전략은 이미 상권분석 파트에서 다뤘기 때문에 굳이 여기서는 다루지 않겠어. 그러니 유통 전략은 전통적인 유통/물류 개념으로 접근하자고.

카페에서 음료를 판다는 건, 원재료를 구입하고 음료 제품으로 만드는 과정을 거쳐 최종적으로 고객에게 판매함으로써 중간 마진을 얻는 상행위를 뜻하지.

유통이나 물류의 의미에서 해석하면 재료를 사고, 노동력을 들여 음료를 만들고, 거기에 부가가치를 더해 유통 마진을 얻는다는 거야.

그래서 카페의 유통이나 물류의 기본은 좋은 원재료를 저렴한 가격에 구입하고, 원재료의 조합, 즉 레시피를 잘 만들어 고객들이 구매할 만한 양질의 음료로 완성하고, 적정한 가격대로 팔아서 수익을 최대한 많이 얻는 거야.

즉 좋은 원재료를 저렴하게 구할 수 있고, 재료 공급을 장기적으로 유지할 수 있는 안정적인 유통사를 찾아내는 것이 카페에서의 유통 전략이야.

요즘처럼 온라인 상거래가 활발한 시대에는 소비자들의 선택권이 엄청 다양하잖아? 조금만 수고를 들여도 원하는 재료의 최저 가격대를 찾아낼 수 있고, 타 구매자들의 평가를 보고 선택할 수 있는 시대야. 독과점을 유지하는 유통사 때문에 비싼 가격으로 재료를 구입하던 시절은 지났어.

이런 기본적인 행위가 전략으로 표현할 만큼 중요하냐고 묻는 사람들도 많아. 많은 정보가 노출되어 있으니 그저 가격 비교 사이트에서 구매하면 되지 않냐고 생각하는 거지. 그게 바로 창업 초보자들의 한계야.

반대로 내가 질문해볼게. 과연 인터넷에 보이는 정보가 전부일까? 그대가 사는 제품이 진정 가격 대비 좋은 품질일까? 혹은 그대가 사는 제품이 진짜 최저가일까? 질문에 대한 대답은 전부 '아니오'야.

인터넷 정보는 눈에 보이는 게 다가 아니야. 예컨대 어떠한 제품을 판매하는 사람들이 제품을 팔기 좋게 긍정적인 면만 부각한 것을 보는 경우가 많고, 시세보다 엄청 저렴해서 샀더니 유통기한이 임박한 제품이고, 인근에서 직접 배달해주는 지역 마트가 인터넷보다 저렴하고 편리할 때도 있어. 그대들이 인터넷에서 보는 정보가 다가 아니라는 거지.

유통 전략은 바로 그대가 필요한 재료가 무엇인지 정확하게 파악하는 것에 목표를 둬야 해. 카페에서 사용하는 원두의 특징은 무엇이고, 음료에 들어가는 시럽에 뭐가 있고, 시럽이 어떤 맛을 내고, 다른 카페의 음료는 어떤 맛을 내는지 정확하게 알아야 한다는 거야.

커피는 제조 업체가 다르면 맛도 달라지니깐 무조건 원두 샘플을 받아서 선택해야 하지. 하지만 공산품을 사용한다면 어디든 가격이 저렴한 곳이 좋고, 인터넷이든 지역 유통사든 그대한테 유리한 구매처를 선택하면 돼.

사실 지금 예로 들고 있는 시럽과 소스만 해도 해외를 포함해서 수십 개가 넘는 유통 업체가 있으니 실제로는 고르기 쉽지 않아. 대부분 학원에서 사용하던 제품들을 그대로 사용하지.

카페 창업에서 실패하는 가장 큰 원인 중 하나가 바로 이렇게 원재료에 대한 파악이 제대로 되어 있지 않아서 자기가 만드는 제품이 진정 맛있는지, 아니면 더 나아질 수 있는지 판단조차 할 수 없는 거야.

더한 예를 들어볼까? 카페에서 가장 중요한 재료인 원두의 선택조차 제대로 못 하는 사람이 많다는 거 알아? 학원 선생님한테, 지인한테, 친척들한테 듣고 구매한다는 사람도 무지 많아.

카페 창업이 무슨 동아리 활동이야? 따지고 보면 치열한 생존 경쟁인데 가장 중요한 제품을 그저 인적 네트워크에 의지해 구입한다는 건 전쟁터에 나선 사람의 자세가 아닌 거지.

물론 객관적인 테스트를 거쳐 그것이 최고의 재료라고 결정했다면 나쁘지 않아. 다만 신중한 검토 없이 오직 인맥만 믿고 물품을 공급받는 사람들이 적지 않다는 점이 충격적이야.

안타깝게도 카페에서 쓰는 물품의 유통 구조를 제대로 알고 창업하는 사람이 거의 없어. 그저 인터넷에서 추천하는 대로 사서 쓰는 사람이 태반이지.

사실 내가 강연이나 세미나에서 누누이 말하는 창업자들 눈에는 보이지 않는 담 너머의 정보가 바로 이런 거야. 그렇다면 어디서 정보를 얻는 게 좋냐고 물어봐야 정상이겠지?

사실 방법은 아주 간단해. 카페 사장들의 네트워크에 뛰어드는 게 가장 좋은 솔루션이야. '카페 유니온'이라는 개인 카페 사장들의 모임이 있는데 이런 곳에서는 정말 알고 싶어도 쉽게 알지 못하는 실용 정보들이 많이 오고 가.

심지어 그들은 직접 겪고 터득한 정보들을 가진 카페 창업 선배이자 아직도 시장에 존재하는 강자들이잖아. 세미나에 참

석해서 정보를 얻고, 뒤풀이 같은 데서 이런저런 궁금증을 해소할 수 있겠지. 카페 유니온의 사장들은 아주 민감한 정보만 아니라면 많은 것을 알려주거든.

물론 카페 유니온 말고도 많은 모임이 있으니까 오프라인 모임이 잦은 곳에 가입하는 것을 추천해. 이런 모임을 통해서 생생한 정보를 얻기만 한다면 물류와 유통 구조를 쉽게 이해할 수 있어. 유통 전략을 보다 편하게 짤 수 있는 길이지.

카페의 4P – 홍보(Promotion) 전략

마케팅 챕터를 시작하면서 마케팅의 정의를 내린 건 기억하지? 하지만 여전히 많은 사람이 마케팅이라고 하면 대부분 4P 전략 중 하나인 홍보가 전부라고 착각하지.

지금까지 마케팅이란 것이 단순히 홍보만 잘하는 게 아니라 제품, 가격, 유통 등을 고객들에게 노출시키는 방법을 조화롭게 만들어가는 과정이라고 배웠잖아. 홍보는 그중 마지막 단계일 뿐이라고.

그런데 지금도 카페 창업자들이 나한테 묻는 내용 대부분이 어떻게 하면 마케팅을 잘할 수 있냐는 질문이야. 제품부터 시작해 전부 다 잘해야 하는 거라고 대답하고 싶지만, 질문의 요지는 홍보 방법이라는 걸 알기 때문에 홍보 툴을 하나둘 설명하곤 하지.

아무튼 그만큼 창업자들이 가장 궁금해 하는 부분이자 가장 자신 없어 하는 부분이긴 해. 사실 홍보를 잘한다고 무조건 성공한다고 볼 수는 없어. 지금까지 설명한 모든 과정이 전부 잘 이뤄져야 성공한다는 건 그대들도 잘 알 거라 생각해.

간혹 제품이 그리 뛰어나지 않아도, 카페의 목이 그리 좋지 않아도 성공하는 카페들이 있잖아? 불리한 조건에서 성공할 수 있었던 건 대부분 홍보의 역할이 크다고 할 수 있지.

반면에 아무리 좋은 제품을 가지고 있어도, 아무리 좋은 목에서 장사를 시작해도 홍보를 제대로 하지 못한다면 고객들은 그 카페가 망할 때까지 존재 여부도 모르는 불상사가 발생하기도 하지.

그만큼 홍보 전략은 카페 창업의 성패를 가를 만한 최종병기 같은 거야. 전쟁터에서 맨손으로 싸우는 사람이랑 총칼을 들고 싸우는 사람 중에 누가 이길지는 뻔한 결과 아니야? 그러니 이번 장에서는 여러 상황에 따른 홍보 전략들을 가르쳐줄게.

☕ 오픈 초기의 홍보

매장의 커피가 아무리 맛있어도, 그대들의 서비스가 아무리 좋아도 손님들이 알지 못하면 말짱 도루묵이야. 홍보의 첫 번째 목적은 널리 알리는 거야.

홍보라는 단어부터가 한자로 '널리 알리다'라는 의미를 가지고 있어. 그 의미대로 일단 알려야 해. 아무리 좋은 물건이라도 사람들이 존재조차 모른다면 팔고 싶어도 팔 수 없잖아. 그래서 홍보가 필요한 거지.

자, 그렇다면 카페에서 사람들에게 알릴 게 뭐가 있는지 살펴보자고. 우선 카페를 오픈했을 때 그대의 카페가 어디 있는지, 뭘 파는 카페인지, 가격대는 얼마인지 등등 카페 소개를 해야 할 거 아냐. 사람들이 봐주기만 기다려서는 안 돼. 한 상권 내에서도 사람들이 움직이는 동선이 여러 군데 있을 거야.

다시 말해 사람들이 어느 목적지를 향할 때, 그대의 매장 앞이 아닌 길을 지나가기도 하잖아. 그래서 카페가 아닌 일부 대형 매장들은 마을버스라든지 지하철역에 포스터를 붙여 매장 오픈을 대대적으로 알리기도 해. 하지만 대부분의 중소형 개인 카페들은 비용 때문에 그런 광고는 할 수 없지.

대부분 끽해야 현수막을 걸고 홍보하는 게 다야. 좀 더 적극적으로 한다면 배너를 건다고 해야 하나? 그런데 배너도 결국 매장 앞을 지나는 사람한테나 통하는 홍보 수단이야.

그래서 난 컨설팅할 때 전단지를 돌려서 매장을 홍보하라고 조언하지. 몇만 원 정도면 할 수 있고, 효과도 비용 대비 회수율이 굉장히 높은 편이거든. 전단지의 효과는 내가 일전에 출간했던 책에도 자세히 적은 적 있어.

전단지를 돌리는 게 창피하다거나, 전단지를 돌리는 건 격이 떨어진다고 생각하는 사람도 많아. 아직 배가 덜 고파서 하는 생각이야. 매출이 오르지 않고 적자가 지속되기 시작하면 내가 했던 말들이 슬금슬금 떠오르기 시작할 거야.

전단지는 오픈 초기에 상권 곳곳에서 뿌려주는 게 좋아. 일단 알려야지. 그대가 뭘 잘하는지, 그대의 카페에는 어떤 특징이 있는지, 고객들이 왔을 때 어디에 만족할 수 있는지 시각적으로 잘 표현하고 문구도 재치 있다면 충분히 홍보할 수 있어.

가만히 있는 것보다 백 배는 나은 홍보 도구 아니겠어? 게다가 가격도 부담 가능한 선이라니 이보다 좋은 게 어딨어? 지금까지 전단지를 돌려서 실패해본 적이 없어.

정 창피하면 아르바이트생이라도 고용해서 시도해봐. 최소한 하루 몇만 원 정도는 매출이 올라간다고 장담할게.

실제 크레이저커피에서 사용한 홍보물

220

📱 노출은 텍스트가 아닌 시각적인 도구를 활용하라

이건 개인 카페들이 가장 못하는 부분이야. 사실 디자인을 전공하지 않았다면 어쩔 수 없는 부분이지.

매장을 오픈하고 자신 있게 내놓는 메뉴가 있으면 고객들에게 어필해야 하잖아. 많은 창업 초보자가 칠판에 글씨를 적는다든가, 그림을 그려넣는 수준에 그치지. 그러다 보니 고객들에게 그 메뉴의 특색이 잘 전달되지 않는 거야.

예를 들어, 그냥 '카페라떼'라고 적힌 것과 라떼 아트로 예쁘게 채워진 카페라떼 사진을 노출하는 거랑 어떤 게 더 효과적일 것 같아? 물론 예로 든 게 어떤 매장이든 있는 메뉴라서 주문할 사람은 그냥 주문하겠지만, 신메뉴는 당연히 텍스트보다 사진이나 그림으로 표현하는 게 훨씬 효과가 좋아.

그래서 프랜차이즈 카페에서는 신메뉴가 나오면 반드시 배너나 POP 같은 홍보물을 보내서 진열하게 하지.

하지만 개인 카페는 직접 디자인해야 하는데 사진을 예쁘게 찍는 것도 어렵고, 찍은 사진을 가지고 디자인하는 건 더 어려우니까 배너나 POP를 잘 하지 않는 거야.

게다가 업체에 맡기려니 비싸서 할 엄두가 나지 않지. 디자인 하나만 의뢰해도 10만 원을 넘기니 금세 포기하게 돼.

실제 크레이저커피에서 실시한 이벤트 및 홍보물 이미지

하지만 너무 걱정 마. '디크라우드(www.dcrowd.co.kr)'라는 카페 용품 디자인 플랫폼이 있으니까. 바이럴 같아서 얘기하지 않으려다 큰 도움이 되니까 소개하는 거야.

비용 때문에 업체에 맡기지 못했던 디자인 영역을 해결해주는 플랫폼이야. 3만~5만 원 정도면 POP나 배너를 디자인부터 출력까지 대신 해주니 지금까지 고민했던 시각적 홍보물 문제를 해결할 수 있어.

🥤 고객 DB의 활용

카페의 이상적인 매출 구조는 기존 고객 80%와 신규 고객 20%로 이뤄지는 거야. 단골 고객을 만든 다음 새로운 고객을 꾸준히 유입시켜서 매출을 지속적으로 성장시키는 거지. 신규 고객들은 배너나 기타 홍보물을 통해 유입시키면 돼.

그럼 고객들을 단골로 만드는 방법에는 뭐가 있을까? 우선 그대들이 파는 제품, 즉 음료나 사이드 메뉴가 당연히 고객들의 입맛에 맞아야겠지. 그리고 고객들이 만족할 만한 매장 분위기나 서비스가 있어야 한다는 것도 잘 알지?

그래도 여러 경쟁 업체에서 좋은 제품을 선보이고, 좋은 카페들이 새롭게 생기면 기존 고객들이 빠져나가기 시작해. 그래서 단골로 만드는 게 정말 힘들다는 얘기가 나오는 거야.

그렇다면 그대는 빼앗긴 고객들을 다시 불러오거나, 애초에 빠져나가지 않게 하는 방법을 시도해야겠지. 그런 방법 중 가장 좋은 게 바로 고객 DB를 통한 다이렉트 마케팅이야.

그대들은 하루에도 수없이 많은 스팸 메일이라든가 메시지를 받지 않나? 음, 간혹 스마트폰을 바꾸고 싶은데 사은품이나 현금을 준다며 기기 변경을 유도하는 스팸 전화를 받을 때 마음이 혹해서 실제로 바꾼 경험이 있지 않아? 사실 나도 그런 경험이 있어서 예시로 든 거야.

스팸 메일이나 메시지가 그리 좋은 이미지는 아니야. 하지만 무언가 필요할 때 관련 정보가 날아오거나, 혹은 지금 당장 필요하지는 않은데 구미를 당기게 만드는 홍보물이 날아오면 없던 구매 의지가 생겨나는 경우가 있어.

나는 예전부터 고객들에게 이런 마케팅을 해왔어. 매달 더치커피를 주거나, 초콜릿을 준다는 식의 이벤트로 고객들의 명함을 받거나 핸드폰 번호를 받아서 고객 DB를 확보했지.

이렇게 쌓인 DB를 통해 신규 이벤트라든가 생일 이벤트 같은 메시지를 보내서 고객들이 다시 찾아오게끔 만드는 전략을 실행할 수 있어.

명함을 받을 필요도 없이 적립 포인트를 주는 프로그램을 활용해서 고객 DB를 모을 수도 있어. 요즘 프로그램은 워낙 좋아서 고객의 방문 빈도도 알 수 있고, 구매한 메뉴가 뭔지도 알려줘. 그래서 그들의 패턴을 분석해 비슷한 구매 패턴을 보이는 고객군을 모아 별도의 이벤트를 열 수도 있어.

IT 강국답게 카페에서 활용할 수 있는 마케팅 툴이 정말 다양하다는 게 고무적이야. 이런 이벤트를 지속적이고 효과적으로 활용한다면 떠난 고객도 일정 부분 회복할 수 있고, 잘만 하면 충성 고객으로 만드는 결과를 얻을 수 있는 셈이지.

실제 크레이저커피에서 실시한 이벤트

SNS 활용

이건 뭐 길게 말할 필요도 없지? 요즘 세대는 스마트폰에 익숙하니까 여가 시간에 인스타그램이라든가 페이스북 같은 SNS를 많이 사용하고 있잖아.

페이스북과 인스타그램 같은 경우는 사업체가 광고를 효과적으로 할 수 있는 광고 시스템을 제공하기도 해. 이용자들의 관심사나 사는 지역, 성별, 연령 등의 프로파일을 분석해서 사업체들이 원하는 타깃군을 설정해 홍보할 수 있게 해주지.

왜 SNS가 대단한지 알겠지? 이용자들이 하는 모든 행동 하나하나가 정보로 남고, 그들의 행동을 분석해 우리 같은 사업주들이 효과적으로 광고할 수 있게 도와주거든.

다시 말해 무료로 사용하고 있다고 생각한 SNS는 사실 사업주들에게 이용자의 정보를 팔고 있던 거야. 세상에 공짜는 없다는 걸 여실히 보여주는 사례지. 블로그라든가 카페 같은 커뮤니티도 같은 맥락으로 생각하면 돼.

아무튼 SNS는 업체에 돈을 지불하고 광고를 하는 것과 비용을 들이지 않고 자연스럽게 홍보하는 방법까지 총 2가지의 방법을 활용할 수 있어.

SNS의 목표는 노출을 극대화하는 것과 검색했을 때 최대한 우선순위로 노출되는 거야. 그걸 위해 음료 사진을 최대한 예쁘게 찍어서 올리고, 검색에 노출되기 위해 '○○동 카페, ○○ 맛집, ○○동 커피, ○○가 맛있는 집'과 같은 키워드로 태그를 거는 등 전략적으로 접근해야 해.

오프라인 홍보에만 치중하지 말고 온라인 홍보 활동도 열심히 하다 보면 여태 그대의 매장을 몰랐던 사람들에게도 노출될 테고, 그대의 매장을 인지하고, 특정 메뉴에 대한 구매 욕구가 생길 때가 올 거야.

배달도 입시처럼 공부해야 한다

불과 십수 년 전만 해도 사람들은 배달이라는 단어를 들으면 중국집을 가장 먼저 떠올렸어. 그런데 배달의 민족, 요기요 같은 다양한 배달 전문 앱이 나오면서 카페를 포함한 웬만한 음식점에서도 배달 서비스를 제공하기 시작했지.

최근 코로나19 팬데믹 사태를 겪으면서 비대면 서비스가 더 중요해짐으로써 카페에서도 배달 서비스는 필수가 됐지.

배달 시장이 크게 성장함에 따라 배달 시스템도 매장에서 전화를 받고 직접 배달하는 단순한 방식에서 스마트폰에서 터치 몇 번으로 검색하고 주문까지 완료하는 시스템으로 발전했어. 소비자 입장에서는 매우 편리하지.

하지만 카페를 하는 입장에서는 눈에 보이지 않는 복잡한 셈법이 숨어 있다는 걸 알아야 해. 배달 주문을 많이 받기 위해서 소비자들이 찾을 만한 제품과 가격을 구성하고, 이 구성을 소비자들에게 잘 노출하기 위해 배달 앱의 광고 상품을 잘 활용해야 하고, 더 나아가서는 광고와 수수료 등을 잘 이해해야만 밑지고 장사하지 않는 결과를 얻을 수 있어.

실제 배달 서비스로 매출을 많이 내는 카페들 중 일부는 팔면 팔수록 손해를 보다 얼마 못 가 배달 서비스를 포기하는 경우도 제법 있어. 결국 카페에서 배달로 성공하려면 입시 못지않게 배달 시스템을 치열하게 공부해야 해.

🏠 카페 운영과 배달의 필요성

코로나19 팬데믹이 장기화되면서 안 그래도 커져가던 배달 시장의 성장 속도가 더 가속화되었어. 특히 사회적 거리두기 대책 등 매장 이용이 제한되는 상황이 비일비재했다 보니 카페를 운영하는 입장에서 배달은 어쩔 수 없는 선택이 되고 말았지.

하지만 나는 수년 전부터 유튜브나 SNS를 통해서 카페도 배달을 해야 한다고 자주 강조했어. 카페라는 곳이 매장에서 여유롭게 커피를 마시며 시간을 보내는 곳이라는 인식이 강하지만, 최근에는 음료 구입처로 활용되는 상황이 많기 때문이야. 집에서, 사무실에서, 학교에서 커피를 마시는 사람들의 수요가 결국 배달 시장으로 귀결될 거라는 걸 예상한 거야.

카페 시장에서의 배달 수요가 요 몇 년 사이에 기하급수적으로 늘어났다는 것은 그 누구도 반박할 수 없을 거야. 그럼 지금이라도 왜 배달 서비스를 해야 하는지 생각해보자고.

우선 소자본으로도 카페 창업이 가능하기 때문이야. 손님들이 머물 공간이 있는 카페나 그렇지 않은 테이크아웃 전문 카페나 모두 매출을 내기 위해 유동인구가 일정 수준 이상 되는 곳에 매장을 차려야 해.

그런 조건을 갖추려면 대부분 부동산 비용(보증금, 임대료, 권리금 등)이 높아질 수밖에 없어서 소자본 창업이 어려워.

하지만 배달을 전문으로 하는 카페는 이러한 제약이 없어. 음료를 만들 공간만 있으면 되니 넓은 장소가 필요 없고, 유동인구가 많은 곳에 매장이 있을 필요도 없지. 그냥 한적한 이면도로 구석의 작은 공간에서도 카페를 창업할 수 있어.

즉, 공간적인 제약이 없어서 적은 부동산 비용으로도 충분히 창업 가능해. 또 소규모로 창업을 하기 때문에 실패했을 때의 리스크도 매우 낮아진다는 점에서 유리하지.

둘째로 기존 매출 이외에 추가 매출이 생길 수 있어. 홀 운영이나 테이크아웃 매출만 있던 기존 수익에서 배달을 시작하면 추가적인 수익이 생기는 거지.

단순히 배달 주문에 대한 매출만 생긴다고 생각한다면 큰 오산이야. 배달에 만족한 고객들이 음료를 재구매할 기회가 생기는 거야. 신규 카페는 배달 앱에서의 매장 브랜드 노출을 통해 그 카페의 존재조차 모르던 손님들에게 어필할 수도 있고, 이게 오프라인 매장 방문으로도 이어질 수 있어.

물론 배달을 했을 때 고객을 만족시키는 게 최우선이겠지. 고객 만족이 실현되어야 비로소 재구매와 매장 방문으로까지 이어지는 추가 매출의 경로가 생긴다는 말씀.

마지막으로 매장을 효율적으로 운영하기 위한 하나의 방법이 될 수 있어. 우선 배달 전문 매장을 운영하면 기본적인 운영비를 절감할 수 있어. 또 이미 운영을 하고 있던 매장이라면 별도의 추가 고용 없이 배달을 할 수 있어.

게다가 매장 매출이 거의 없는 시간에도 배달은 언제든지 가능하기 때문에 유휴 시간이나 유휴 인력의 활용이 가능해.

장사가 안 되는 시간에도 최소한의 인력이 필요하잖아? 매장에 손님이 없는 시간대라도 배달 주문이 다소 있기 때문에 유휴 시간에도 매출이 생겨. 그래서 지속적으로 들어가는 고정비에 비해 효율적인 운영이 가능하다는 거야.

배달 서비스는 그대의 생각보다 장점이 많아. 물론 장점 뒤에 숨겨진 유의사항들도 많지. 제대로 공부하지 않고 시작했다가 막상 힘만 들고 남는 건 없는 사례를 많이 봤어. 이제부터 배달 서비스를 자세히 설명해줄게.

🥤 배달 방식 및 앱의 종류

소비자 입장에서는 배달 앱에서 주문하면 주문한 제품을 받고 끝이야. 누가 배달하고 누가 주문받는지는 중요하지 않아. 알고 싶지도 않을걸. 하지만 카페를 시작하면 시스템을 정확하게 이해해야 제대로 된 배달 서비스를 제공할 수 있어.

배달 앱마다 주문과 배송 시스템이 다르기 때문에 각 앱의 장단점과 시스템을 먼저 파악하고 자신의 상권과 상황에 맞게 선택해야 해. 그래서 배달 앱 시장의 선두에 있는 몇몇 업체를 예로 들어 시스템의 특징과 유의사항을 설명하고자 해.

아마 그대가 생각했던 것보다 훨씬 복잡하고 어려울 거야. 그러니 꼭 몇 번씩 정독하는 걸 권할게.

1. 전통적인 직접 배달

배달 앱을 사용하지 않고 매장에서 전화로 주문을 받은 뒤 매장 직원 혹은 사장이 고객에게 직접 배달하는 방식이야. 매우 전통적이고 간단하지.

보통 오피스 상권에서 오래 장사했던 카페들이 고수하는 방식인데 수수료나 광고비가 따로 나가지 않아서 판매하는 족족 수익으로 남는 구조야.

다만 배달을 직접 해야 하기 때문에 배달하는 동안 매장을 운영할 직원이 필요해. 그래서 배달 주문이 없더라도 직원의 급여가 나간다는 단점이 있어.

하지만 배달 주문이 특정 시간에 많다든가 전체적인 배달 수익이 직원의 인건비를 크게 상회하면 훨씬 이득이겠지.

여기에는 꼭 명심해야 할 전제 조건이 있어. 스스로 고객들에게 배달을 홍보할 방법이 있어야 한다는 거야. 요새는 배달 앱이 활성화 되어서 배달 소책자라는 게 없어졌잖아? 결국 그대가 직접 전단지를 뿌려야 해.

2. 주문 따로 배달 따로

배달의 민족, 요기요, 위메프오, 쿠팡이츠 등은 다 들어봤지? 모두 국내 소비자들이 가장 많이 사용하고 있는 배달 앱이야.

그런데 소비자들의 주문을 받는 곳과 배달을 대행해주는 곳이 다르다는 사실까지 아는 이는 드물어.

소비자일 때는 주문만 하다가 카페를 시작하면서 배달을 준비하는 입장이 되니까 그제서야 배달 주문을 접수받는 곳과 배달을 해주는 곳이 각각 다른 곳이라는 사실을 알게 되는 거지.

배달 과정을 좀 더 자세하게 설명해줄게. 소비자가 배민 앱을 통해 주문하면 매장에서는 주문을 접수하고, 메뉴를 제조하고, 고객에게 배달하지.

이때 카페 사장 혹은 직원이 직접 배달하는 방식과 배달 대행 업체에 연락해 배달 기사를 배정받고 배달 기사가 고객에게 음료를 배달하는 방식, 2가지가 있어.

최근에는 매장에서 직접 배달하는 것이 부담스러워서 배달 대행 업체를 많이 쓰는데, 이때 수수료가 좀 더 낮거나 배달 접수가 빠른 곳을 대행 업체로 선정하곤 하지. 배달 대행 업체에는 부릉, 바로고, 생각대로 등의 비교적 규모가 큰 업체들을 비롯해 각 지역별로 중소 규모의 업체들이 있어.

배달 대행 업체들은 건당 3천 원에서 1만 원 이상의 수수료를 받아 가. 또 주문을 접수하는 배달 앱에서 상품별로 중개 수수료도 떼어 가. 생각보다 수수료가 높다 보니 배달 주문 접수만 앱을 활용하고 배달은 직접 하면서 배달 대행 수수료를 아끼는 사람도 많아.

하지만 이 방법도 결국엔 추가 인건비가 들어. 배달을 나갔을 때 매장을 운영하는 직원을 고용해야 하기 때문이야. 그래서 배달 수수료와 인건비 계산을 꼼꼼하게 해야 해.

3. 주문과 배달을 동시에

배달 앱들 내에서 제공하는 별도의 배달 서비스도 있어. 배민 앱 내의 배민 라이더스, 요기요 앱 내의 요기요 익스프레스와 쿠팡이츠 같은 서비스는 주문 접수부터 배달까지 대행해줘. 앱 회사와 계약된 배달 기사가 오는 거지.

즉, 배달 대행 업체를 선정할 필요 없이 주문을 받고 배달 기사가 왔을 때 완성된 음료를 제공하면 끝이야.

사용 편의성이 좋고 배달 앱들마다 서비스를 크게 홍보하고 있기 때문에 이용자가 증가하는 추세야. 하지만 장점이 있으면 단점이 있기 마련이잖아?

단점은 바로 수수료가 높다는 거야. 앱마다 요율이 다르지만 보통 주문만 받는 곳은 최소 2%대에서 최고 10% 초반대까지로 구성되어 있어. 주문과 배달을 동시에 진행하는 앱 서비스들은 대체로 10%대 초반부터 시작해서 10%대 중반까지 수수료가 다소 높은 편이야.

물론 수수료 정책들이 일률적이지는 않아. 주기적으로 변하기 때문에 항상 꼼꼼하게 체크해야 해.

🫖 배달 서비스 수수료 구조

배달 시장이 계속 커지다 보니 배달에 관심 없던 이들도 너도나도 배달 시장에 뛰어들었고, 배달 앱 내에서의 경쟁도 치열해졌지.

그러다 보니 매장을 앱 상단에 노출시켜 소비자들의 눈에 더 잘 띄도록 만들기 위해 광고비를 지출하기도 해. 또 소비자들의 배달 비용을 줄이고자 할인을 해서라도 소비자들에게 선택 받으려고 해.

오프라인에서 벌어지는 가격 할인이라든가 다양한 마케팅 전략이 배달 서비스에서도 똑같이 벌어지는 셈이야.

차이점은 배달 서비스는 모든 행위에 비용이 들어간다는 거야. 단순히 매출이 많다고 좋아할 수 없어. 매출을 발생시키기 위해 들어가는 비용이 더 많으면 결국 밑지고 장사하는 거 아니겠어? 최악의 선택을 하는 셈이지.

배달 서비스의 수수료 구조를 잘 이해하고 손익분기점을 잘 찾아내야 해. 그래야 배달 시장에서도 살아남고, 더 나아가 성공으로 향하는 발판을 만들 수 있어.

그럼 배달 앱 서비스 내에서 지불해야 하는 수수료에는 어떤 것들이 있는지 알아보도록 하자고.

- **중개 수수료** | 말 그대로 배달을 중개해주는 수수료로서 주문이 발생하면 건당 수수료가 부가된다.
- **외부결제 수수료** | 결제 시스템을 이용할 때 발생하는 수수료(카카오페이, 네이버페이, 신용카드 등을 이용할 때 발생하는 카드 수수료)다.
- **배달팁** | 소비자에게 부담시키는 배달 요금으로 업주가 금액을 정할 수 있다. 소비자들은 주로 배달 요금이 적은 곳을 선택하기 때문에 얼마나 할인할지를 잘 고민해야 한다.
- **할인** | 용어 그대로 가격 할인이다. 금액으로 할인하기도 하고 몇 퍼센트 할인이라는 정책을 적용할 수도 있다.
- **광고 상품** | 배민의 울트라콜, 요기요의 우리동네플러스 등 다양한 명칭으로 불리고 있으며 월 몇만 원 정도의 비용이 정기적으로 결제된다. 중개 수수료와의 차이는 주문 발생 여부와 상관없이 무조건 결제된다는 점이다. 그래서 주문 건수가 많은 곳에서는 광고 상품을 이용하는 것이 유리하고 주문 건수가 많지 않은 곳은 중개 수수료 상품을 이용하는 것이 좋다.

이제부터 각 배달 앱의 수수료를 구체적으로 알아볼 거야. 다만 이건 과거의 자료니까 대략적으로 이렇다는 선에서만 참고하도록 해. 배달 수수료는 업체의 상황에 따라 수시로 변경되므로 정확한 정보를 알고 싶다면 자주 체크해야 한다는 점을 절대 잊지 마.

무엇보다 최근에는 배달의 민족, 요기요, 쿠팡이츠 등 사기업이 운영하는 배달 서비스 외에도 각 지역에서 공공으로 운영하는 배달 서비스도 있잖아? 그러니 내가 뒤에 제시한 표가 배달 서비스의 전부라고 생각하면 안 돼. 빠르게 바뀌는 트렌드에 뒤처지지 않는 것이 자영업으로 성공하기 위한 전제조건이야.

배달의 민족

광고	수수료	비고
울트라콜 (깃발)	월 80,000원 카페 3km 반경	• 기본 상품 • 위치 기반으로 가까운 순서대로
1인분	주문 금액의 6.8%	• 업주당 1개 신청 가능 • 최소 주문 금액 ≤ 단일 메뉴 가격 ≤ 12,000원
오픈리스트	주문 금액의 6.8%	• 최상단 3개 랜덤 노출 • 카테고리당 1개 신청 가능 • 3km 이내 고객에게만 노출
배민오더	2020년 광고비 없음	
배달팁	0~5,000원	• 고객에게 받는 돈으로, 실제로는 배달 요금 으로서 업주가 금액을 정할 수 있음 • 주문 금액별로 최대 3개까지 설정 가능
외부결제 수수료	3%	• 업장마다 다를 수 있음 • 연매출 3억 원 이하 영세사업자는 1.98%

요기요

광고	수수료	비고
기본	12.50%	• 기본 상품 • 위치 기반으로 가까운 순서대로
우리동네 플러스	입찰 광고	• 업주당 1개 신청 가능 • 최소 주문 금액 ≤ 단일 메뉴 가격 ≤ 12,000원
슈퍼 레드위크	1,000~5,000원	• 대부분 프랜차이즈에서 진행 • 본사 또는 점주가 협의하에 부담
할인	5~50% 할인	• 업주 부담 • 요일별, 시간별 할인 설정 가능
배달 요금	0~5,000원	• 고객에게 받는 돈으로, 실제로는 배달 요금 으로서 업주가 금액을 정할 수 있음 • 주문 금액별로 최대 3개까지 설정 가능
만 원 이하 중계수수료	0원	• 외부결제 수수료는 발생
외부결제 수수료	3%	• 업장마다 다를 수 있음 • 연매출 3억 원 이하 영세사업자는 1.98%

위메프오

광고	수수료	비고
기본 수수료 택1	결제 발생 시 5%	• 결제가 되었을 때만 발생
	주문당 8,000원 (별도 수수료 0원)	• 주문이 발생하지 않을 시 부과되지 않음 • 주문당 거래액이 3만 원 이하일 경우도 부과되지 않음
티켓	할인율 5% 이상 시 수수료 0원	• 티켓 구매 후 오프라인 매장에서 이용 가능 • 티켓 카테고리에 노출 가능
할인(쿠폰)	1,000 ~ 10,000원	• 점주가 부담하는 쿠폰, 3개까지 등록 가능
배달 요금	0~5,000원	• 고객에게 받는 돈으로, 실제로는 배달 요금으로서 업주가 금액을 정할 수 있음
외부결제 수수료	3%	• 업장마다 다를 수 있음 • 연매출 3억 원 이하 영세사업자는 1.98%

배민 라이더스

광고	수수료	비고
A형	11% + 1,000원	거래액의 11% + 배달 건당 1,000원 발생
B형	15%	거래액의 15%
B형 - 1000	15% + 1,000원	건당 1,000원씩 점주 부담 배달팁 고정할인
B형 - 2000	15% + 2,000원	건당 2,000원씩 점주 부담 배달팁 고정할인
B형 - 2900	15% + 2,900원	건당 2,900원씩 점주 부담 배달팁 고정할인
배달팁	0~2,900원	거리에 따라 자동으로 할증이 붙음
할인(쿠폰)	1,000 ~10,000원	점주가 부담하는 쿠폰, 3개까지 등록 가능
외부결제 수수료	없음	

노출 순위: 배달팁 적은 순 〉 거리 / 메뉴 사진 1회 무료 촬영

쿠팡이츠

광고	수수료	비고
기본 (프로모션 3개월)	중개 수수료: 1,000원	
	배달 요금: 5,000원	
기본	중개 수수료: 15%	
	배달 요금: 6,000원	
	외부 결제 수수료: (카드 등) 3%	• 업장마다 다를 수 있음 • 연매출 3억 원 이하 영세사업자는 1.98%
배달 요금	0~6,000원	• 4km까지 배달 가능 • 단, 3km 이상은 고객에게 3,000원 추가 • 고객이 부담하는 배달비의 부가세는 점주 가 부담
쿠폰	1,000~2,000원	신규 입점 시 쿠팡 부담으로 제공
치타뱃지	Level 1~3	상위 노출 가능(별점, 조리 시간, 주문 수락률)

노출 순위: 별점, 거리, 주문수락률, 조리 정확도 등 / 메뉴 사진 1회 무료 촬영

요기요 익스프레스

광고	수수료	비고
기본	7% + 1,000원	
단말기 대여(필수)	월 5,000원	용지 개별 구매
외부결제 수수료	3%	• 업장마다 다를 수 있음 • 연매출 3억 원 이하 영세사업자는 1.98%

노출 순위: 거리, 재주문율 등 / 메뉴 사진 촬영 없음 / AI 자동 배차

🥤 배달 시 유의점

배달 시장이 이렇게 녹록하지 않아. 시장이 커졌다고 내 매출도 같이 커지는 건 아니야. 그냥 동네 카페 장사를 배달 시장으로 옮겨왔다고 생각하면 이해가 쉬울 거야.

치열하게 경쟁하는 건 오프라인이나 온라인이나 똑같거든. 경쟁 속에서 어떤 노하우와 운영 철학으로 맞서 나갈지 고민해봐야 해. 그저 단순히 배달 앱에 내 카페의 상품을 띄워 놓고 주문이 오기만을 기다리면 되겠어?

고객들이 주문할 만한 가격대를 설정하고, 디저트와 음료를

적절히 조합해서 끌릴 만한 제품군을 만들고, 적절한 할인가를 설정해서 고객들을 유입하는 건 당연한 얘기야.

그리고 음료는 판매한다고 끝이 아니야. 온라인 마케팅에서 가장 중요한 고객 리뷰를 어떻게 관리할지 고민해봐야 해. 특히 리뷰는 고객들의 경험이 사진이나 글로 고스란히 표현되기 때문에 좋은 리뷰를 얻어야 리뷰를 보고 구매를 결정하는 잠재 고객들의 마음까지 사로잡을 수 있어.

그래서 어떤 카페들은 손편지를 쓴다든가 상품 설명에는 없는 조그만 서비스 메뉴를 함께 보내는 등 서비스를 제공해. 고객들의 좋은 리뷰를 끌어내기 위해서지. 하지만 좋은 리뷰가 수없이 많아도 악플이 단 몇 개만 달리면 매장 운영이 어려워질 수도 있어. 그만큼 고객 리뷰 관리는 중요해.

마지막으로 가장 중요한 부분은 수익률 계산이야. 수익률을 고려해서 비용과 수익 사이에서 손익분기점을 어떻게 넘길 것인지 고민해야 해. 앞에서 설명한 모든 비용과 수수료 구조에 대해 명확하게 이해하고 있어야 하지.

내가 당시에 배민의 수수료 종류를 정리한 표를 올려둘 테니 이해할 수 있길 바랄게. 앞과 마찬가지로 배달 수수료는 과거 기준이므로 현재에 맞게 계산해야 해.

배민 오픈서비스

광고	수수료	비고
음료 및 세트메뉴	12,000원	
배달팁	2,000원	손님한테 받는 배달팁
재료원가(음료+포장비)	4,800원	재료원가는 대략 40% 예상
배달 요금	4,000원	배달 기사에게 주는 배달비
배민 오픈서비스 중계이용료	898원	음료값의 7.48%(부가세 포함)
외부결제 수수료	277원	음료값 ± 배달팁의 1.98%(부가세 포함)
할인쿠폰	1,000원	할인쿠폰 1,000원짜리를 준다고 가정
순이익	3,025원	음료값 ± 배달팁에서 비용을 뺀 금액
이익율	25.21%	

배민 울트라콜

광고	수수료	비고
음료 및 세트메뉴	12,000원	
배달팁	2,000원	손님한테 받는 배달팁
재료원가(음료+포장비)	4,800원	재료원가는 대략 40% 예상
배달 요금	4,000원	배달 기사에게 주는 배달비
외부결제 수수료	277원	음료값 ± 배달팁의 1.98%(부가세 포함)
할인쿠폰	1,000원	할인쿠폰 1,000원짜리를 준다고 가정
순이익	3,923원	음료값 ± 배달팁에서 비용을 뺀 금액
이익율	32.69%	
배민 울트라콜 광고료	88,000원	음료값의 7.48%(부가세 포함)
손익분기 판매수량	22원	광고에서 순이익을 나눈 값

사업계획서 작성의 필요성

사업계획서 없이 사업을 추진하면 예기치 못한 상황들로 곤란을 겪을 때가 많아. 하지만 사업계획서를 작성하면 예기치 못한 상황들에 대한 시뮬레이션도 작성해두기 때문에 문제가 발생해도 당황하지 않고 대처할 수 있지.

그런데 대부분의 카페 창업자는 작은 매장 하나 차리는 데 사업계획서 같은 거창한 게 필요하냐고 반문하더라고. 내 생각은 완전히 달라. 비록 중소기업이나 대기업처럼 큰 규모의 사업과 비교할 수는 없지만, 작은 카페 같은 소규모 창업에도 사업계획서가 반드시 필요해.

기업에서 하나의 프로젝트를 진행하기 위해 구체적인 성장 목표와 의지를 정리한 게 사업계획서에 녹아들었잖아.

마찬가지로 카페 창업도 주먹구구식으로 일을 벌이는 것보다 자신의 의지와 목표를 명확하게 설정하는 게 중요해.

카페를 창업할 때 인테리어, 물품 구매, 마케팅, 각종 서류 신청 등 여러 단계를 동시에 진행해야 하는 경우가 많아. 이때 사업계획서가 없으면 업무 순서에 혼란을 느끼는 경우도 많고, 해야 할 일을 까먹고 오픈 이후에야 깨닫기도 하거든.

사업계획서를 작성하다 보면 좀 더 꼼꼼하게 생각하고 정리함으로써 일을 체계적으로 진행할 수 있고, 경비를 절감하는 효과도 얻을 수 있어. 그렇다면 사업계획서를 작성하면 어떤 장점이 있는지 알려줄게.

1. 사업계획서는 주먹구구식 창업을 탈피하게 도와준다

창업을 시작하면 예상치 못한 문제로 차질을 빚는 경우가 많지만, 사업계획서를 작성하면 체계적으로 준비할 수 있는 방법을 깨달을 수 있지. 그래서 반드시 사업계획서를 작성한 후에 창업을 준비해야 해.

2. 창업 실패의 확률을 줄여준다

사업계획서를 작성하다 보면 사업 전반에 관한 다양한 시선을 갖게 돼. 성공 가능성, 위협 요인, 시장의 위험성, 까다로운 시장 조건 등을 객관적으로 살펴볼 수 있는 기회를 갖는 거야. 사업계획을 짜면서 위험 대처 방안을 수립하면 실패 위험을 크게 줄일 수 있다는 말씀!

3. 사업계획서를 통해 자본조달이 가능하다

사업계획서에는 창업을 어떻게 진행할지 구체적으로 적혀 있지. 자금이 필요할 경우 동업자, 투자회사, 정부기관 등을 설득할 때 꼭 필요한 자료로 활용되곤 해. 투자자는 구두로만 전달되는 사업에는 절대 투자하지 않는다는 것을 명심해.

4. 매장 운영 매뉴얼로 사용할 수 있다

일단 매장을 오픈하면 사업계획서를 매장 운영 매뉴얼로 쓸 수 있어. 사업계획서 내에 매장 운영 의도와 목표를 잘 설정하면 매장을 운영하는 데 있어서 훌륭한 지침서가 된다는 거야. 향후 성과도 평가할 수 있고, 직원 교육 매뉴얼로도 활용할 수 있으니 일석이조지.

사업계획서의 주요 항목 및 유의사항

사업계획서는 작성하는 사람이나 용도에 따라 내용이 조금씩 달라져. 특히 투자자금 조달 목적으로 작성한다면 매우 구체적으로 꼼꼼하게 작성해야 하지만, 개인 카페 창업을 위한 용도라면 형식이나 절차에 크게 구애받을 필요는 없어.

물론 대형 카페처럼 장기적인 프랜차이즈 사업을 하거나 별도의 자본이 들어오는 게 아니라면 굳이 크게 작성할 필요는 없다는 거야. 기본적인 항목을 기준으로 두고 유연하게 작성하면 돼. 그 항목은 뒤 페이지를 참고하면 될 거야.

- **사업개요** | 창업의 목적, 특성 및 필요성에 대한 간단한 개요 작성
- **업종조사** | 시장환경, 자본금, 사업성, 성장 가능성, 입지 조건 등 카페 업종에 대한 환경조사
- **시장성 조사** | 시장조사 방법, 기존 업체 방문, 예정 매장 물색, 투자규모, 시장성 분석 등
- **입지 선정 및 상권분석** | 경쟁 매장 분석, 위치 선정 등
- **매장 인테리어 계획** | 매장 면적, 메뉴 구성, 내/외부 인테리어, 소품, 인력, 레이아웃 등
- **홍보 및 운영 계획** | 가격 결정, 재고 관리, 부자재 매입, 홍보 계획, 판매 계획, 매출 계획, 직원 교육, 서비스 계획, 메뉴 계획 등
- **재무 계획** | 초기투자 비용, 운영 비용, 매출원가 관리, 판매비, 관리비 등
- **손익계획** | 손익계산서를 통한 마진율 설정과 목표 매출액 설정 및 장기적인 계획
- **자금 조달 계획** | 총 소요자금 내역 및 자금 조달 계획
- **사업성 분석** | 손익계산서, 캐쉬플로우, 자금상환계획, 대차대조표 등
- **스케줄 관리** | 인허가, 시설 설비 기간, 자금 투입, 상품 매입 등 전반적인 일정 관리
- **비상 계획** | 사업의 위험 요소를 고려한 대처 및 운영 계획

체크포인트

사업계획서 작성 시 유의사항

1. 객관성: 과대포장 하지 말고 객관적으로 평가 및 작성

2. 유연성: 사업계획서는 상황에 따라 유연하게 수정

3. 자금 조달 계획의 정확성: 자금 조달 계획은 반드시 정확하고 차질 없이 작성

4. 자신감: 스스로 납득하지 못하면 타인을 설득하는 것은 불가능하다는 걸 명심

5. 경쟁 매장 분석은 냉철하게: 잘 운영되고 있는 매장을 과소평가하지 말고 냉정하게 분석

사업계획서 작성 사례

사업계획서 작성 사례는 수없이 많아. 하지만 너무 복잡하면 실제로 따라 하기 어렵고 현실과 동떨어질 수 있어. 그러니 내가 외대 후문에 위치한 크레이저커피를 창업할 때 실제로 사용한 간편 사업계획서를 사례로 들게. 과거에 작성한 사업계획서라서 현재 상황에 맞지 않을 수도 있으니 감안해서 봐줘.

이 사례는 앞에서 설명한 모든 것을 포함한 사업계획서는 아니야. 다만 창업에 앞서 사업을 예상하기 위해 간략하게 작성한 거니깐 향후 그대가 창업할 때는 각 상권에 따라 실제로 들어가는 비용을 적용해야 할 거야.

☕ 크레이저커피 외대점 사업계획서

1) 사업 방향

- 강북 지역의 동대문구 이문동에 소재한 한국외대 후문 상권에 10평 미만의 테이크아웃 카페를 창업한다.
- 인접한 카페들 중 로스터리 카페는 거의 없기 때문에 차별화를 이루기 위해 커피 맛이 좋은 카페로 브랜드 이미지를 구축한다.
- 인근 지역의 거주민들은 한국외대, 경희대, 한예종 학생층과 지역 주민 및 대학교 교직원들로 커피 소비가 타지역보다 높은 편이다. 따라서 20~40대의 젊은 층을 중점으로 판매 전략을 세운다.
- 인근 지역 카페들은 맛보다는 인테리어에 집중하고 있으며, 로스터리 카페들은 맛에서 차별성이 크게 보이지 않으므로 커머셜 커피를 사용한 중저가 정책을 중심으로 한다. 그러나 스페셜티 커피를 취급하여 메뉴별 가격 차별성을 두고 고객들에게 맛에 차별성이 있음을 강조한다.
- 회전율과 매출을 높이기 위해 테이크아웃 판매를 중심으로 전략을 세운다. 다만 저가 정책이 아닌 이벤트성 전략을 통해 매출을 확보한다.
- 객단가를 높이기 위해 쿠키, 초콜릿 등의 사이드 메뉴를 판매한다. 단, 인건비와 초기 투자비를 줄이기 위해 가급적

외부 업체를 통해 재료를 공급받는다. 그리고 매장 내의 소비가 아니라 테이크아웃 할 수 있는 제품들로 선정한다.

2) 한국외대(이문동) 상권분석

한국외대 주변 상권은 외대생, 경희대생의 학생층과 학교에서 근무하는 교직원, 그리고 이문동 거주민들로 이루어진 복합 상권이다. 강북 지역 중 유동인구가 상당히 많은 상권으로 학생층에 초점을 맞춘 업종들이 대부분이다.

대학 상권이라고 하나 지역 주민들의 수가 일반 대학 상권에 비해 많기 때문에 방학에도 매출에 큰 차이가 없는 지역이다. 특히 커피 구매력은 대학생, 지역 주민 모두 높은 편으로 현재는 스타벅스를 포함한 프랜차이즈 카페들의 매출이 높은 걸로 추정되고 있다.

- 외대역~외대 정문: 지하철 1호선의 출구에서부터 외대 정문까지의 상권으로, 지역 주민이든 학생이든 이곳을 반드시 지나쳐야 한다. 기본적인 매출이 받쳐주다 보니 매물이 많이 나오지 않고, 설령 나오더라도 권리금이 매우 높게 형성되어 입점하기 어렵다.

- 외대 후문/경희대 후문: 외대 후문과 경희대 후문이 매우 가까워서 두 학교 학생들이 늘 붐비는 곳이다. 현재 카페들이 많이 들어섰기 때문에 가격 경쟁이 심해지고 있다.

- 경희대 방면: 외대 정문에서 경희대 방면으로 가는 길에는 상권이 크게 형성되지 않았다. 학생들과 지역 주민들의 이동 동선이 그려지지 않아 매력적인 상권으로 볼 수 없다. 또한 인근에 교회를 기반으로 한 대형 카페가 운영 중이기 때문에 경쟁하기 부담스러운 상권이다.

- 석관동 방면: 이마트와 홈플러스가 위치해서 주변 유동인구가 항상 많은 편이다. 이마트를 기점으로 석관동 방면으로는 유동인구가 뚝 끊어진다는 단점이 있다. 다만 석관동 방면으로 카페 상권이 전혀 형성되어 있지 않기 때문에 인근 지역 주민들의 발길을 유도할 수도 있다.

3) 영업계획

구분	내용	비고
운영일수	연중무휴	명절 임시 휴업
결제 방법	현금, 신용카드	포스 시스템 사용
서빙 방법	주문, 결제 후 셀프 서비스	주문 후 음료는 고객이 픽업
메뉴 구성	에스프레소 베리에이션: 8종 에이드 등 아이스 음료: 8종 차: 4종 제철과일 주스 등: 3종 쿠키: 5종 초콜릿: 4종 세트 제품: 2종	계절별로 특색있게 구성할 수 있음
매장 이미지	금속과 나무로 트렌디하게 구성하여 스페셜티 카페의 세련된 분위기와 커피 중심적인 뉘앙스를 줌	공간이 된다면 정문 옆에 로스터기 설치
가격대	저가 메뉴(2,500원)와 고가 메뉴(5,000원 이상)를 분리하여 운영함	저가 커피로 브랜드 이미지를 구축하나 실수익은 고가 메뉴에서 많이 얻음
좌석 수	6석 (테라스 포함)	바 카운터에 있는 좌석 활용
영업 시간	11:00 am ~ 10:00 pm	주말에는 유동적으로 운영
부가 서비스	월별 이벤트 실시	고객 DB 활용

4) 메뉴 계획

	메뉴명	가격대	비고
커피	에스프레소	2,500	- 메뉴의 종류와 가격의 경우 경쟁 매장의 대응 전략에 따라 수정될 수 있음 - 또한 원가율에 따라 가격이 변동될 수 있음
	아메리카노	2,500	
	카페라떼	3,000	
	카푸치노	3,000	
	바닐라라떼	3,500	
	카페 모카	3,500	
	캐러멜 마키아또	3,500	
	샤케라또	4,000	
스무디/프라페	블루베리 스무디	4,500	
	망고 스무디	4,500	
	키위 스무디	4,500	
	딸기 스무디	4,500	
	캐러맬 프라페	5,000	
	초코바나나 프라페	5,000	
	초코칩 프라페	5,000	
	녹차 프라페	5,000	
차	카모마일	5,000	
	페퍼민트 루이보스	5,000	
	블루베리 루이보스	5,000	
	얼그레이	5,000	
제철과일 주스	계절별 선택	3,500	

5) 인력 운영 계획

인원계획

	인원	구분	급여	비고
평일	사장	정직원	해당사항 없음	- 인원은 매출에 따라 조정 - 파트타임 시급은 최저임금과 상권에 따라 조정
	점장 (10:00 ~ 19:00)	정직원	1,900,000원	
	매니저 (14:00 ~ 23:00)	정직원	1,700,000원	
	아르바이트 (11:00 ~ 16:00)	파트타임	9,860 × 5시간 ×23 = 1,133,900원	
	아르바이트 (18:00 ~ 22:00)	파트타임	9,860 × 4시간 × 23 = 907,120원	
주말	점장, 매니저 하루씩	정직원	동일	
	아르바이트 (11:00 ~ 16:00)	파트타임	9,860 × 5시간 × 8 = 394,400원	
	아르바이트 (18:00 ~ 22:00)	파트타임	9,860 × 4시간 × 8 = 315,520원	
인건비 총합			**6,350,940원**	

채용계획

구분	인원	나이	스케줄	급여
점장	1	26~35	오픈 2주 전	1,900,000원
매니저	1	24~30	오픈 1주 전까지	1,700,000원
아르바이트	4	20~24	오픈 5일전까지	시급 9,860원 (법령에 따라 조정)

교육계획

일정	시간	교육내용	대상
오픈 5일 전	14:00~18:00	전체 메뉴 평가 및 운영 매뉴얼 교육	점장
오픈 4일 전	14:00~18:00	전체 메뉴 평가 및 운영 매뉴얼 교육	매니저
오픈 3일 전	14:00~18:00	메뉴 시연 및 서비스 교육	정직원
오픈 2일 전	14:00~18:00	아르바이트 메뉴 숙지 교육	파트타임
오픈 1일 전	14:00~18:00	전체 운영 및 서비스 교육	전직원
오픈 당일	10:00	미팅 및 전체 교육	전직원

6) 시설계획

구분	내용	비고
실평수	10평	주방,홀 포함, 테라스 불포함
주방 / 바 면적	6평	바 동선을 최대한 고려
홀 면적 / 좌석 수	4평	6석 전후
로스팅룸	2평	최소한의 면적으로 운영
영업시간	11:00 am ~ 10:00 pm	명절 제외 연중 무휴
화장실	외부 화장실 이용	
테라스	3평	8석 전후

7) 판매 촉진 계획

준비 사항

항목	내용	비고
로고, CI 제작	오픈 한 달 전 제작 완료	창업 초기 준비
간판	로고, CI 고려 제작	최대한 눈에 띄게
현수막	상호, 오픈 예정일 등	인테리어 시 부착
사은품	머그컵 등	제작비 고려
전단지	상호, 메뉴, 약도, 연락처, 홍보 문구	저렴하지 않되 톡톡 튀게
명함	로고, CI 사용	사장, 정직원 대상
개점 음식물	당일 판촉용	주변 건물에 배포
이벤트	오픈 당일 커피 시음 행사 등	시음과 전단지 동시 배포
쿠폰	로고, CI 활용해 무료 음료 쿠폰	마일리지 적용
배너	X배너 또는 Y배너	로고 및 메뉴 활용

준비 기간

스케줄	제작물	내용
오픈 전 20일	현수막	제작 후 매장 전면에 설치
오픈 전 10일	X배너 또는 Y 배너	매장 앞 설치
오픈 전 5일	간판	건물 외관공사 완료 후 설치
오픈 전 1일	전단지	지역 신문을 활용한 배포, 길거리 배포
오픈 당일	전단지, 개점 음식물	매장 인근 상인 및 내점 고객
오픈 이후	전단지, 쿠폰	가두 배포, 내점 고객 대상

8) SWOT 분석

Strength
1. 일일 유동 인구가 많음
2. 대학생층과 주민층의 복합상권
3. 로스터리 카페가 거의 없음

Weakness
1. 임대료가 다소 높은 편
2. 테라스 설치 비용이 따로 들어감
3. 로스터기의 제연 시설 필요
4. 로스팅 시 민원 제기 가능성 있음

Opportunity
1. 쇼핑 고객의 내점 확률을 높임
2. 커피 맛의 강점을 살릴 수 있음
3. 권리금이 없음
4. 화장실이 외부에 있어 전용 면적이 넓음

Threats
1. 경쟁 로스터리 카페 오픈
2. 고객들의 가격 저항 가능성
3. 낮은 진입 장벽
4. 경쟁자들의 저가 전략

9) 인근 경쟁 카페의 비교 분석

1. 커피 DNA
2. 스타벅스
3. 커핀 그루나루
4. 커피빈
5. 달콤커피

한국외대 상권 경쟁 매장의 특징

- 프랜차이즈: 스타벅스, 커핀 그루나루, 커피빈, 달콤커피 등 다수의 프랜차이즈 카페가 성행하고 있다. 대부분 큰 규모의 매장으로서 테이크아웃보다 좌석에 앉아 음료를 구매하는 고객들이 많다. 학생 손님이 많으며, 프랜차이즈에 대한 로열티가 높은 편으로 분석된다.
- 개인 카페: 한국외대 상권 인근에 대략 15개의 카페들이 운영 중이다. 2개 매장이 로스터리 카페고, 나머지는 원두를 공급받아 쓰는 편집숍으로 운영되고 있다. 로스터리 카페의 경우 맛의 차별성이 그리 크지 않으나, 고객들에게 직접 로스팅한다는 이미지로 각인되어 있다.

개별 매장 분석 예제

ex) ×× 커피

- 기본 콘셉트: 유명 배우를 모델로 하여 상큼발랄한 이미지의 인테리어를 기반으로 기존 프랜차이즈 카페처럼 에스프레소 메뉴가 주 대상
- 고객층: 인근 주민보다는 학생 고객이 다수
- 분석: 신생 프랜차이즈 매장으로 공격적인 마케팅을 하고 있으나 실제 고객 유입은 크게 이뤄지지 않고 있음

영업 시간	좌석 수	매출	객단가	주 메뉴	가격
10시~ 12시	100석	일평균 90만 원	7,000원	커피	평균 4,000원

* 실제 사업계획서 작성 시에는 경쟁 매장을 전부 분석한다.

10) 투자 예산 및 수지계획

투자 비용

금액은 실제 향후 카페 오픈 시 들어간 금액으로 기입한다.
사업계획서에는 예상 금액으로 채운다.

구분	내용	금액(단위: 원)	비고
계약 관련	보증금	20,000,000	
	권리금	27,500,000	
	부동산 수수료	1,500,000	
인테 리어	인테리어	29,500,000	
	승압공사	700,000	5kw 승압
	가구(의자, 테이블)	300,000	바 의자 3개
	간판	3,000,000	12자 LED
	소품 등	150,000	시트지 등
	에스프레소 머신	12,000,000	혼합형 고급 머신

장비	그라인더	6,400,000	블렌딩 3가지류
	냉장고	1,200,000	간냉식 1,800자
	냉동고	1,200,000	간냉식 1,800자
	제빙기	2,200,000	50키로 2대
	블렌더	500,000	하이믹서 1대
	디스펜서	352,000	플라스틱 4대
	더치에일관련	400,000	이탄통 등
	쇼케이스	1,300,000	900자 사이즈
마케팅 및 홍보	명함, 쿠폰	65,000	정직원용
	사은품(마이보틀)	1,237,500	매장 전면용
	전단지	142,860	오픈 이벤트용
	X배너	110,000	이벤트 및 메뉴용
	유니폼	189,000	청남방
기타 용품	바리스타 용품	284,500	초도 물품용
	주방기물	235,100	
	커피 잔, 컵, 스푼	145,600	
	테이크아웃 용품	435,200	
	주방 소모품	95,200	
	시럽, 소스, 파우더	285,400	
합계		111,427,360	

고정비용 분석

예시분석이며, 사업계획서에서는 대략적인 예산으로만 채웠기 때문에 실제 금액과는 다를 수 있다.

항목	내용	금액(단위: 만원)	비고
감가 상각비	인테리어	30,000,000	인테리어는 5년 정액법으로 계산: 비용 × 0.9(잔존가치)/60개월 = 금액
	감가상각비	450,000	
	주방/장비투자비	15,000,000	주방/장비투자비는 4년 정액법으로 계산: 비용 × 0.9(잔존가치)/48개월=금액
	감가상각비	225,000	
기타초도비용		9,000,000	기타초도비용은 1년 정액법으로 계산: 비용/12개월 = 금액
감가상각비		750,000	
소계		1,425,000	
지불금리	인테리어비	200,000	총 투자금액의 연 8%의 금리로 계산함 * 임대보증금은 5천만 원으로 설정해서 계산함
	임대보증금	333,333	
	주방/장비투자비	100,000	
	기타초도비용	60,000	
소계		693,333	
합계		2,118,333	

* 금리와 제반비용들은 가상으로 계산한 것이며 현재 시세에 맞추어 적용해야 함

손익분기매출의 계산

항목		상수	비고
변동비율 설정(40%)	원가율	30%	카페 업종의 평균적인 비율
	제경비율	10%	사장 제외 6명 기준
고정비	인건비	6,350,940	
	임대료	3,000,000	예시분석 참조
	감가상각비	1,425,000	연 8% 금리 적용
	지불금리	693,333	
	합계	11,469,273	
손익 분기매출	금액	19,263,888	변동비율을 매출대비 40%로 설정하면 손익분기매출은 고정비 (11,558,333)/(1-0.4)로 계산한다.
도산분기 최소매출	금액	15,733,333	감가상각비와 지불금리를 제외한 최소 필요매출은 고정비 (9,440,000)/(1-0.4)로 계산한다.

* 각 비용과 비율의 설정은 카페 업계의 평균치를 추정하여 계산했음

* 손익분기점의 매출이 19,263,888원이므로 테이블 객단가 8,000원으로 가정했을 때 한 달에 2,408번의 테이블이 채워져야 하고 일일 평균 80번의 테이블이 채워져야 한다. 또한 하루 평균 매출을 약 65만 원 이상 올려야 손익분기를 넘어갈 수 있다. 만약 도산분기점 아래로 매출이 나온다면 비용이 높은 인건비 부분에서 종업원 수를 줄이는 방법 등으로 비용을 줄여나가야 한다.

매출계획

구분	항목	최하매출	평균매출	최고매출
점심 타임	테이블 수	30	50	70
	객단가	8,000	8,000	8,000
	매출액	240,000	400,000	560,000
중간 타임	테이블 수	10	20	30
	객단가	8,000	8,000	8,000
	매출액	80,000	160,000	240,000
저녁 타임	테이블 수	30	40	50
	객단가	8,000	8,000	8,000
	매출액	240,000	320,000	400,000
합계	테이블 수	70	110	150
	객단가	8,000	8,000	8,000
	하루 매출액	560,000	880,000	1,200,000
	한 달 매출액	16,800,000	26,400,000	36,000,000
	일 년 매출액	201,600,000	316,800,000	432,000,000
비고	테이블 수는 여러 가지 변수에 따라 정확하게 산출할 수 없으나 평균적인 목표매출로 추정하여 최저, 평균, 최고매출로 산정하였음. 따라서 본 매출 계획은 현장 상황에 따라서 실제적인 숫자를 대입해야 함.			

월별 손익계획서

항목		최저매출	%	평균매출	%	최고매출	%
총 매출액		16,800,000	100		100		100
제조원가		5,040,000	30	7,920,000	30	10,800,000	30
임대료		3,000,000		3,000,000		3,000,000	
인건비	정직원	2		2		2	
	아르바이트	4		4		4	
	총 인원	6		6		6	
	합계	6,350,940		6,350,940		6,350,940	
제경비	수도광열비						
	통신비						
	홍보비						
	교육비						
	소모품						
	기타						
	합계	1,680,000	10	2,640,000		3,600,000	
감가상각비		1,425,000		1,425,000		1,425,000	
지불금리		693,333		693,333		693,333	
세전 이익		-1,478,333		4,281,667		10,041667	

* 저조매출일 경우 순익이 적자가 난 경우이므로 저조매출액이 나올 경우 고정비용을 조정하거나 홍보에 좀 더 치중해야 하는 방안을 모색해야 함

* 상기 손익은 눈에 보이지 않는 감가상각비와 지불금리를 모두 포함했으므로 실제적으로 손익은 더 크게 날 수 있음

PART.6

카페 창업을 위한
행정 및 세무 정보

일반음식점과 휴게음식점에 따른 인허가 절차

사업자등록증을 받은 순간부터 당신은 그렇게도 꿈에 그리던 사장이 된 거야. 그런데 요 사업자등록증이란 것도 신청하면 바로 받을 수 있는 게 아니라 나름대로 절차를 거쳐야 해.

간략하게 설명하자면 보건증, 위생교육필증, 영업신고증, 사업자등록증을 차례대로 발급받아야 카페를 오픈할 수 있어.

자, 그런데 창업 초보자들은 여기서 헷갈리기 시작하지. 보건소나 구청에 갔을 때 일반음식점을 할 거냐, 휴게음식점을 할 거냐고 질문하면 이게 뭔가 싶을 거야. 그리고 세무서에 가서 사업자등록증을 내려왔다고 하면 일반과세자로 할 거냐, 간이

일반음식점과 휴게음식점의 차이

내용	일반음식점	휴게음식점
주류 판매	가능	불가능
위생 교육	한국외식업중앙회에서 운영	한국휴게음식업중앙회에서 운영
보건증	해당 시군구청 보건소	해당 시군구청 보건소
정화조 용량	연면적 × 0.3 (위생과 문의)	연면적 × 0.2 (위생과 문의)
건물용도 및 면적 제한	1종, 2종 근린 생활시설	1종, 2종 모두 가능하나 약 90평 (300m²) 이상 면적에서는 2종 근린시설만 가능
상호	카페, 커피란 단어는 사용 못 함	카페, 커피 단어 사용 가능

과세자로 할 거냐고 물을 거야. 뭐가 이리 복잡하냐고!

일반과세자와 간이과세자 얘기는 뒤에서 자세하게 얘기할 테니 일단 넘어가. 우선 일반음식점과 휴게음식점 선택에 따른 인허가 절차부터 알아보자고.

일반음식점과 휴게음식점의 가장 큰 차이는 주류 판매 가능 여부에 있다고 보면 돼. 참고로 일반음식점은 양식, 한식, 일식 등의 주 식사 메뉴를 판매하고 있어야 한다고 규정하지만 실제로는 칼같이 확인하지 않아. 하지만 법적으로는 단속 대상이니까 주의하라고.

인허가 순서 표에 나온 것처럼 순서를 잘 따라서 진행해야 해. 창업 초보자들은 인허가 순서를 몰라서 인테리어를 다 마치고도 매장을 오픈할 수 없는 경우가 허다하거든.

풀어서 설명하자면 우선 보건증과 위생교육필증을 제일 먼저 받아야 해. 둘 다 특별한 이유가 없으면 가급적 인테리어 공사를 시작했을 때 바로 받는 걸 추천할게.

발급받은 보건증과 위생교육필증을 가지고 해당 시군구청 담당 부처로 가서 영업신고증을 발급받으면 돼. 그리고 영업신고증을 가지고 세무서로 가서 가장 중요한 사업자등록증을 발급받으면 되는 거야.

사업자등록증을 늦게 발급받으면 예상 못한 일을 맞이하게 되는데, 바로 신용카드사 가맹점 승인이 늦게 나는 사태야.

일반적으로 카페에 가면 포스를 통해 신용카드 결제를 하잖아? 포스라는 게 일반 컴퓨터처럼 설치만 하면 바로 사용 가능한 게 아니라 카드사별로 가맹점 승인이 나야만 사용할 수 있거든. 승인 시기도 각자 달라서 운이 없으면 2주 이상 걸리기도 해.

오픈 예정일이 다가왔는데 손님들이 신용카드를 사용하지 못한다고 하면 정말 끔찍하지 않아? 예전처럼 현금을 들고 다니는 것도 아니고 대부분 신용카드를 사용하는 시대인데, 신용카드 결제가 안 된다고 하면 손님들이 좋아하겠어?

인허가 순서

발급기간	내용	비고
1주일 이내	보건증	해당 지역 보건소에서 발급, 검진 후 1주일 이내 발급, 최근에는 온라인에서도 보건증 인쇄 가능
당일	위생교육필증	위에서 언급한 것처럼 일반음식점 또는 휴게음식점에 따라 해당 협회에서 교육 수료 후 즉시 발급 가능
당일	영업신고증	보건증과 위생교육필증이 있어야 영업신고증을 발급받을 수 있음
당일	사업자등록증	영업신고증이 있어야 사업자등록증을 발급받을 수 있음
7~14일	신용카드 가맹 등록	사업자등록증이 반드시 있어야 카드사 승인을 받을 수 있음
3일 이내	인터넷, 전화, 보안 업체 신청	사업자등록증을 제출하면 세금계산서를 발급받을 수 있으며, 인테리어 초기에 미리 신청해야 전기 공사, 목공 공사 이전에 미리 전선 작업을 마칠 수 있음

일반과세자와 간이과세자의 차이

그대는 내가 구구절절 설명한 것들을 보고 따라 하면서 점포를 계약하고 카페를 시작하겠지. 이제 카페를 창업하기 위한 행정 상의 일들을 처리하는 절차가 남았어.

다 하고 보면 그리 복잡한 게 아니라는 걸 알겠지만, 사전 정 보도 없이 무작정 뛰어다니면 돈과 시간을 버리는 건 기본이 고, 잘못된 판단 때문에 예상치 못한 세금을 왕창 내야 하는 결 과를 얻을 수도 있지.

그래서 이제부터 카페 창업에 필요한 행정과 세금이라는 것 을 명확하게 설명해서 그대의 창업에 도움을 주도록 할 거야.

"일반과세로 하실 거예요, 간이과세로 하실 거예요?" 세무서에 가서 사업자등록증을 신청하러 갔을 때 세무서 직원이 제일 먼저 묻는 말이야.

사실 사업을 해본 적 없는 사람들에게는 이 질문이 익숙하지도 않아. 아예 단어 자체를 들어본 적 없는 사람들도 있을 거야. 물론 차이점을 잘 알고 있는 사람들도 있겠지만, 한 번 더 확실하게 짚고 가자고.

얼핏 보면 세금을 많이 물지 않는 간이과세자가 더 좋을 것 같지만 과세자의 형태는 각자의 상황에 따라 달라진다는 걸 알아둬야 해. 뒤에 일반과세자와 간이과세자의 차이점을 보기 편하게 표로 정리해뒀으니 먼저 그걸 보고 얘기하자고.

보통 간이과세자는 세금이 면제되지 않냐고 생각하는 사람들이 많아. 사실 간이과세자는 부가가치세만 면제받을 뿐, 종합소득세는 간이과세자나 일반과세자 모두 부담하는 거야.

그래도 부가가치세 측면에서는 간이과세자가 유리한 건 사실이지. 일반과세자는 10%의 세율을 적용받지만, 간이과세자는 적으면 0.5%에서 많게는 3%까지만 적용받거든.

하지만 매출액이 일반사업자에 비해 적으므로 약간의 혜택을 준 것뿐이지, 간이과세자도 소득이 있기 때문에 종합소득세를 내야 해. 간이과세자는 세금을 면제받는다는 잘못된 선입견

일반과세자와 간이과세자의 차이

구분	일반과세자	간이과세자
적용대상자	간이과세자 이외의 과세사업자	직전연도의 공급대가가 8천만 원 미만인 개인 사업자
과세기간	1월 1일 ~ 6월 30일 / 7월 1일 ~ 12월 31일	1월 1일 ~ 12월 31일
과세표준	공급가액	공급대가(공급가액 + 부가세)
세율	업종 무관 10%	10% 세율 + 업종별 부가가치율
매입세액 공제	매입액 X 10% 전액 공재	매입액 X 10% × 업종별 부가가치율
세금계산서	발행 가능	발행 불가능
예정신고 납부	예정고지 시 납부가 원칙. 사업 부진 등 일정한 경우 예정 신고 가능	법인: 예정신고 개인: 예정고지 및 예정신고
가산세	세금계산서 관련 가산세 존재하며 미등록 시 공급가액의 1% 책정	세금계산서 관련 가산세 없으며 미등록 시 공급가액의 0.5% 책정
납입면제	납부 의무 면제 없음	해당 과세기간 공급대가 4,800만 원 미만일 경우 납부 의무 면제
의제매입 세액공제	업종 제한 없음	음식업, 제조업만 가능

* 세법은 수시로 개정되므로 반드시 창업하는 시기에 적용되는 세법을 확인해야 함

때문에 세금 관리에 소홀했다간 종합소득세를 신고할 때 예상 치 못한 거금을 지출할 수도 있어.

그렇다면 어떤 과세자를 선택해야 좋을까? 대부분 처음엔 간이과세자가 좋다고들 하니까 반대로 나는 일반과세자가 좋은 이유를 2가지 정도 얘기해볼게.

처음 창업할 때 비용이 크게 들어가는 부분, 즉 인테리어나 카페 장비 등에는 대부분 세금계산서가 발행되거든.

일반과세자는 이때 발급받은 세금계산서의 부가세를 환급 받을 수 있지만 간이과세자는 환급받지 못해. 몇백만 원에서 몇천만 원이 넘어가는 경우가 대부분이라 환급받지 못하면 세 금을 내는 것만도 못하는 거지.

두 번째 경우는 뭘까? 간혹 카페에서 케이터링 서비스를 하 거나 대량 구매를 할 때 상대방이 세금계산서 발급을 요구하는 경우가 있어. 이때 간이과세자는 세금계산서를 발행하지 못해 서 거래가 성사되지 않기도 하지. 거래처를 확보할 기회를 놓 쳐서 눈물 나는 경우야.

나는 컨설팅을 할 때 가급적 일반과세자로 신청하라고 해. 왜냐면 카페 창업의 경우, 일반과세자는 초기 투자금이 커서 부가세 환급이나 비용 처리 부분에서 실질적인 세금 혜택을 많 이 받기 때문에 간이과세자보다 낫거든.

다만 월매출이 몇천만 원이고, 세금계산서를 발행하지 않고도 초도물품을 구입할 수 있다면 간이과세자로 신청하는 것도 좋아.

어차피 1년 후에는 대부분 연매출 8천만 원이 넘어가서 자동으로 일반과세자로 바뀌기 때문이지. 딱 1년 동안 간이과세자로 영업하면서 세금 혜택을 받는 거야.

하지만 나는 부가세라든가 매출에 따른 종합소득세를 고려하면 처음부터 일반과세자로 신청하는 게 좋다고 생각해. 내 생각이 어떻든 최종 선택은 그대가 하는 거지만.

법인사업자와 개인사업자, 뭘 선택할까?

나는 10여 년 전에 카페를 하다 세금을 무지막지하게 많이 낸 적이 있어. 세무사한테 비용 처리도 많이 했는데 왜 그렇게 많이 나왔는지 따졌다가 된통 혼났지.

당시 나는 개인사업자인데 매출이 높아서 세금을 많이 낼 수밖에 없었던 거야. 그래서 세무사가 법인 전환을 고려하라는 제안을 했지. 그 편이 세금을 덜 낸다는 거야.

사실 처음 창업할 때 주변에서 다들 카페가 뭔 법인사업자냐며 개인사업자로 시작하라고 해서 묻지도 따지지도 않고 개인사업자로 시작했거든. 그런 바람에 법인사업자의 장단점을

개인사업자와 법인사업자의 차이

항목	개인사업자	법인사업자
설립 절차 및 비용	관할 관청에 인허가를 받고 세무서에 사업자등록을 신청	법원에 설립등기를 해야 하며 등록세, 채권매입비용이 필요하며, 보통 절차가 복잡해 법무사를 통해 진행함으로써 법무사 수수료가 발생함
설립 자본금	별도의 법정자본금이 필요 없음	법정 최저자본금은 폐지되었으나, 통상적으로 100만~5천만 원 설정
자금 조달 및 이익 분배	자본 조달에 한계가 있으며, 사업에서 발생한 이익을 사용하는 데 제약이 없음	주주를 통해 자금조달이 유리하고 법인소득이 자본금으로 들어가면 배당의 형태로 인출이 가능
세금 문제	사업소득에 대해 소득세 부과 (6~38%)	법인소득에 대해 법인세 부과 (10~20%)
지속성	대표자 변경 시 기존 사업자 폐업 후 다시 사업자 등록해야 함	대표자 변경 시에도 법인은 그대로 지속됨
기타	회계, 세무 처리가 간편하며 소규모 사업자 형태에 적합	회계, 세무 처리가 복잡함.

파악하지도 않고 수업료라기엔 너무 큰 세금을 내게 된 거야.

개인사업자로 할지, 법인사업자로 할지는 개인의 상황에 따라 결정할 수밖에 없어. 하지만 대다수의 카페는 개인사업자로 하는 게 창업하기도 편하고 비용도 적게 들어.

법인사업자는 예상 순수익이 1억~2억 원 규모라면 고려할

개인과 법인의 세율

과세표준	세율(개인)	세율(법인)
1,200만 원 이하	6%	
1,200만 원 초과 4,600만 원 이하	15%	
4,600만 원 초과 8,800만 원 이하	24%	10%
8,800만 원 초과 1억 5천만 원 이하	35%	
1억 5천만 원 초과 2억 원 이하	38%	
2억 원 초과 3억 원 이하	38%	
3억 원 초과 5억 원 이하	40%	
5억 원 초과 10억 원 이하	42%	20%
10억 원 초과	45%	

* 세법은 수시로 개정되므로 반드시 창업하는 시기에 적용되는 세법을 확인해야 함

만 하지만 초년도는 초기 투자금이 높아서 매출이 높아도 세금이 그리 많이 나오지는 않으니 개인사업자가 낫다고 봐.

사업 규모가 커지면 그때 법인으로 전환해도 좋아. 어찌 되었거나 그대는 무조건 개인사업자로만 시작한다고 생각하지 말고 각 장단점을 파악해서 상황에 맞춰 선택하도록 해.

세금을 계산하는 방법에는 차이가 있어. 소득이 같다고 가정한다면 개인이 훨씬 더 높은 세금을 부담하는 건 위의 표에

적힌 숫자만 봐도 딱 드러나잖아. 법인이 훨씬 유리해 보이지.

하지만 법인사업자는 세금을 적게 내는 만큼 해야 할 게 많아. 돈을 쓸 때 반드시 증빙을 남겨야 하고, 관리가 철저해야 하지. 국가가 세금을 줄여주는 대신 그만큼 사업에 재투자하면서 공적인 의무를 다하고, 거기에 맞게 돈을 철저히 관리해야 하는 의무가 주어지는 거야.

반면 개인사업자는 세율은 높지만 내 돈은 마음대로 할 수 있는 자유가 주어지지. 그래서 개인사업자는 임대차계약서만 있으면 세무서에 신고하는 것만으로 사업을 시작할 수 있어.

나처럼 편하다고 개인사업자만 생각하지 말고, 또는 세금만 따져서 법인사업자만 생각하지 말고 그대의 상황에 맞게 선택하길 바랄게. 뭐든지 전략적으로 접근하면 답은 쉽게 나오는 거니까.

신고납부의 이해

그대는 카페를 창업하기 전에 뭘 했지? 직장을 다녔어? 아니면 고등학교 혹은 대학교를 졸업한 후 바로 카페를 창업했어?

카페를 창업한 사람 중 상당수가 직장을 그만두고 카페를 창업한 경우일 거야. 솔직히 학교를 졸업하고 바로 창업한 사람들은 부모님 주머니에서 창업 비용이 나온 케이스라 다른 케이스에 비해 수가 매우 적지.

대부분의 사람이 직장 생활, 혹은 아르바이트를 하다가 창업했다고 봐야 해. 그래서 직장 생활을 하다가 카페를 창업하면 가장 어려워 하는 문제 중 하나가 세금이야.

사업을 시작하기 전에는 세금이 어려울 이유가 없거든. 월급을 받을 때는 회사에서 알아서 세금을 제한 급여를 주고, 수도세라든가 전기세 같은 건 고지서가 꼬박꼬박 날아와서 기재된 금액대로 내기만 하면 됐으니까 말이야.

또 집이나 차를 구입할 때 내는 취득세나 등록세 같은 것도 관할 관청에서 내라는 대로 내면 됐잖아.

그런데 창업하면 세금에 관한 건 모두 내가 직접 처리해야 되니깐 어려움을 느끼는 거야. 우리나라의 세금 제도는 신고납부를 기본으로 해. 사실 우리가 사업을 하기 전에도 모든 세금은 신고납부를 통해 납부된 거야.

다만, 회사든 관할 관청이든 다른 누군가가 알아서 신고하고 그대는 납부만 했기 때문에 신고납부에 대한 개념이 잡히지 않았을 거야.

그러니 사업을 시작한 뒤에 처음으로 본인의 세금은 직접 신고하고 납부해야 하니까 어렵게 느껴질 수밖에 없지.

부가세니 종합소득세니 원천세니 매출과 매입 자료를 죄다 모아서 제출해야 하는데, 세금을 직접 결정해서 신고하고 납부하니까 실수할 수도 있고, 내지 않아도 될 큰 세금을 낼 수도 있고, 혹은 너무 적게 신고해서 가산세라는 문제가 발생할 수도 있지.

288

이런 일을 대신해주는 사람이 있는데 그게 바로 세무대리인, 즉 세무사라는 사람들이야. 매달 10만 원에서 15만 원 정도의 비용이 들어가지만 그대가 세금을 꼼꼼하게 챙기지 못하는 상황이라면 세무사를 활용하는 것도 나쁘진 않아.

하지만 세금에 대해 조금만 공부하고 꼼꼼하게 자료를 챙긴다면 이 금액을 절약할 수도 있어. 어쨌든 그대의 상황에 따라 세무사를 활용하든, 직접 세금 신고를 하든, 신고납부는 자영업자의 기본적인 의무라는 걸 명심하라고.

카페 사장이 반드시 알아야 할 3+1 세금

자, 이제 카페를 창업한 사람들이 챙겨야 할 세금에 대해서 본격적으로 정리할 시간이야. 신고납부를 세무사에게 대행시키면 편하겠지만 이런 자그마한 비용마저 아껴야 하는 게 우리 소상공인들 아니겠어.

　세금을 직접 챙긴다고 마음먹었다면 일단 카페 사장들, 즉 자영업자들이 반드시 알아야 할 세금에 뭐가 있는지부터 알아보자고. 우선 4가지 세금에 대해서 정리해볼게. 다음의 4가지 세금은 각자 시기에 맞게 잊지 말고 챙겨야 해.

1. 종합소득세(5월)

2. 부가가치세(1월 25일 / 7월 25일)

3. 근로소득세 원천징수(매월 10일)

4. 4대 보험료(매월)

어라, 근데 뭔가 요상하지 않아? 4가지 세금으로 말하면 되지, 왜 3+1 세금이라고 하냐는 생각이 들지 않아? 만약 그런 생각을 했다면 정확하게 지적한 거야.

사실 네 번째로 기재한 4대 보험료는 엄밀히 따지면 세금이 아니야. 하지만 직원을 고용하면 세금처럼 의무적으로 내야 하고, 직원이 늘수록 부담이 만만치 않기 때문에 세금으로 생각하라는 의미에서 넣은 거야.

물론 카페를 혼자 운영한다거나 가족끼리 운영하면 4대 보험료는 굳이 생각하지 않아도 돼. 그냥 이 4가지 세금이 어떤 세금인지 내용이라도 알아두면 좋겠지.

사실 세금 계산법도 이 책에 쓰고 싶지만 요즘은 인터넷을 조금만 뒤져봐도 세금 계산을 도와주는 좋은 프로그램을 찾을 수 있으니까 계산법은 생략하고 각 세금에 대한 내용만 자세하게 설명할게.

📷 종합소득세

종합소득세는 말 그대로 1년 동안 발생한 모든 소득에 대한 세금을 말하는 거야. 장사로 얻는 사업소득 외에 은행이자, 임대수익, 연금, 배당금, 자문 수수료 등 그대에게 다른 수입이 있다면 그걸 모두 합한 게 종합소득세 대상이야.

쉽게 말해 그대가 작년, 즉 1~12월 동안 장사를 하고 남은 순이익(소득)에 대한 세금을 올해 5월에 내는 거야.

그런데 이 종합소득세가 꽤 복잡해. 누진세라고, 누구나 동일한 세율을 적용하는 게 아니라 돈을 많이 버는 사람이 세금을 많이 낸다는 의미의 제도가 있어서 그래.

혹시 법인사업자와 개인사업자의 차이를 설명할 때 있던 과세표준 표를 기억해? 그 표를 기억 못 한다면 이 책을 대충 보고 있는 거니까 정신 바짝 차리라고. 어쨌든 다시 한 번 공부하는 셈 치고 과세표준 표를 살펴보자.

종합소득세를 이해하기 위해서 과세표준이라는 말을 알아야 해. '과세표준'이란 건 세금을 부과할 때 기준이 되는 금액이야. 작년 한 해의 소득, 즉 순이익 정도로 생각하면 돼. 정확하게는 '과세표준 = 종합소득금액 − 종합소득공제'라는 거지.

더 자세히 나가면 종합소득세율을 계산하는 방법까지 설명

과세표준

과세표준	세율
1,200만 원 이하	6%
1,200만 원 초과 4,600만 원 이하	15%
4,600만 원 초과 8,800만 원 이하	24%
8,800만 원 초과 1억 5,000만 원 이하	35%
1억 5,000만 원 초과 3억 원 이하	38%
3억 원 초과 5억 원 이하	40%
5억 원 초과	42%

* 세법은 수시로 개정되므로 반드시 창업하는 시기에 적용되는 세법을 확인해야 함

해야 하는데 지금 이것까지 설명하면 복잡해지니까 반드시 알아야 하는 점만 명심하면 돼.

그게 뭐냐면 매입 비용을 절대 누락시키지 말고 꼼꼼하게 챙기라는 거야. 매출이 높고 비용이 적게 들어가면 이익이 많다는 뜻이잖아. 그대가 매장을 운영하면서 사용한 비용을 빼먹지 않고 꼼꼼하게 신고해서 과세표준을 낮춰야 한다는 거야.

비용을 누락해서 과세표준 구간이 올라가면, 세율도 올라가서 내야 할 세금이 많아지거든. 그래서 과세표준 구간이 너무 높아지면 법인으로의 전환을 고려해야 한다는 거야.

☕ 부가가치세

이건 그대들이 카페를 하지 않을 때도 들어본 적 있을 거야. 특히 고급 레스토랑이나 호텔, 혹은 해외에 나갔을 때 메뉴판에서 '부가세 별도'라는 표시를 본 적이 있는 사람들은 부가세라는 단어에 익숙할 거야.

국내에서는 대부분 메뉴판에 부가세가 포함된 가격을 표시하니까 부가세에 대한 인식이 많이 부족하지. 그래도 요즘은 많은 사람이 부가세 별도라는 말에 익숙해졌어.

부가가치세라는 건 어떤 물건을 살 때 더해지는 부가가치에 대해 소비자가 세금을 내는 건데, 장사를 하다 보면 이걸 참 이해할 수 없어. 왜 물건을 사는 사람이 세금을 내지? 그리고 세금을 거둘 거면 국세청으로 바로 납부할 것이지, 왜 장사하는 사람이 받아서 대신 내는 건지 이해가 안 간단 말이지.

아무튼 부가가치세는 카페를 창업한 사람들이 필수적으로 알아야 할 세금이야. 가격을 정할 때 부가가치세를 인지하지 못하고 결정하는 게 태반이거든. 그대도 소비자였을 때는 최종적으로 지불한 돈만 생각하지, 부가세가 붙어 있다고는 전혀 생각하지 못했잖아.

예를 들어 3,300원의 아이스 아메리카노를 팔았다고 생각하자. 3,300원이라는 가격은 제품 가격인 3천 원에 10%의 부가세가 붙은 거야. 다시 말하면 그대가 번 돈은 3천 원인 거고, 300원은 소비자 대신 국가에 납부하는 세금인 거지.

대부분의 카페 창업 초보자는 단순하게 3,300원을 벌었다고 생각하다가 부가세 신고 때 세금으로 토해내는 비용이 생각보다 커서 깜짝 놀라곤 해.

그런데 카페를 창업 혹은 운영하다 보면 물건을 사올 때 부가세를 내고 사오잖아. 일반과세자의 경우엔 이 금액을 전액 공제받을 수 있어.

예를 들어 카페를 창업하는 데 필요한 인테리어, 카페 장비, 월세 등으로 나간 비용이 부가세 포함 1,100만 원이라고 생각해보자고. 그리고 1년 동안 장사로 올린 매출이 2,200만 원이라고 치자.

그러면 소비자로부터 받은 부가세는 200만 원, 지출한 부가세는 100만 원이니까 그대가 내야 할 부가세는 200만 원에서 100만 원을 뺀 100만 원이라는 거지.

그래서 부가가치세는 매입한 금액을 빠짐없이 신고하는 게 중요해. 매입한 금액은 세금계산서, 현금영수증, 신용/체크카드와 같은 적격증빙으로 신고하면 되는 거야.

신용카드나 현금영수증, 전자 세금계산서는 전산에 자동으로 신고돼서 문제 없는데, 종이 세금계산서를 누락하는 실수가 잦아. 만일 거래처에서 종이 세금계산서를 발행하면 꼭 서류철에다 넣어두고 신고할 때 챙기도록 해.

간혹 10%의 부가세를 아끼려고 거래처에 세금계산서를 발행하지 말라고 요구하는 사장들이 많은데 절대 그러지 마. 어차피 부가세는 나중에 공제 혹은 환급받을 수 있어.

지금 당장 돈을 아끼겠다고 세금계산서를 발행하지 않으면 결국 매출은 있는데 비용은 없어서 과세표준도 올라가고, 부가세 공제도 못 받는 이중부담을 받을 수밖에 없는 바보짓이야.

🔖 근로소득세 원천징수

이건 보통 원천세라고 불리는 세금이지. 원천세는 직원을 고용한 카페 사장들한테만 해당되는 건데, 직원에게 급여를 줄 때 직원의 근로소득세를 미리 떼서 사업자가 대신 납부하는 거야.

원천세도 일용직 근로자, 상용 근로자, 외국인 근로자, 프리랜서 등 근로자의 고용 형태에 따라 달라지니까 그대의 상황에 맞게 적용하면 돼.

원천세 납부는 매달 10일이고, 10인 이하의 사업장은 6개월마다 납부할 수도 있어. 그리고 원천세에는 지방소득세가 따라붙어. 원천세를 납부할 때 그중 10%를 신고 및 납부하는 거야. 꼭 2가지를 같이 내야 해.

원천세가 얼마인지는 포털 사이트에서 제공하는 월급 계산기에서 확인할 수 있어. 앞에서 말했듯 세금 계산을 도와주는 프로그램이 많으니 장사하는 데만 집중해도 되는 세상이야.

☕ 4대 보험

처음 설명한 것처럼 4대 보험은 세금이 아니야. 말 그대로 보험료지. 그런데 직원을 고용하는 사장 입장에서는 매달 의무적으로 내야 하니 세금처럼 느낄 수밖에 없잖아. 보험요율도 높은 편이라서 원천세보다 훨씬 큰 부담으로 다가오기도 해.

이것도 원천세처럼 고용하는 직원 없이 혼자 운영하면 가입 의무가 없어. 대신 의료보험 지역가입자가 되겠지. 하지만 직원을 1명이라도 고용했다면 카페 사장을 포함해서 모든 직원이 4대 보험에 의무적으로 가입해야 해.

4대 보험은 직원을 고용한 후 14일 이내에 신고해야 해. 국민연금은 다음 달 15일까지인데, 4대보험정보연계센터에서 일괄신고를 하면 간편해.

4대 보험은 원천세랑은 다르게 고지서가 발송되니까 월급을 지급할 때 4대 보험료만 정확히 제하고 나서 보내주면 돼. 이것도 포털 사이트에 있는 월급 계산기로 확인할 수 있어.

근로기준법의 이해, 최저임금과 주휴수당

요즘 최저임금이다 뭐다 말들이 많지? 나는 개인적으로 최저임금이란 건 반드시 지켜야 하고, 더 올라가야 한다고 생각해. 물론 영세한 카페 사장의 입장에서는 최저임금 인상이 부담스러운 게 사실이야.

나 역시 카페를 운영하는 입장이니 최저임금 인상이 부담스럽다는 데에 동의하지만, 더불어 살아간다는 의미로 접근하면 최저임금은 반드시 지켜지고, 더 인상되어야 해.

다만 단순히 최저임금 인상이라는 방면으로만 접근하면 그대와 같은 카페 사장들의 부담이 더욱 가중될 건 자명한 사실이지. 앞으로 직원 고용과 근로조건 준수에 대해 카페 사장들의 책임이 점점 더 커질 거야.

속된 말로 인건비를 감당할 수 없으면 혼자 일하거나, 영업시간을 단축하거나, 키오스크 같은 무인 장비를 도입해야만 하는 시기가 도래할 거야. 아니, 이미 이런 일이 벌어지고 있잖아?

더구나 이전에는 근로기준법이라는 것도 생소한 개념이라 사람들이 잘 모르고 넘어갔다면, 최근에는 다양한 정보 채널을 통해 근로기준법에 대해 인지하고 숙지하는 방향으로 나아가고 있어. 오히려 너무 자세히 알다 보니 일부 영악한 사람이 근로기준법을 악용하는 경우도 생기고 있지.

근로기준법은 근로자의 입장에서 만들어졌기 때문에 근로자에게 유리한 쪽으로 해석되는 경우가 많아서 그래. 그러니 고용주의 입장에 있는 그대들은 근로기준법을 철저히 이해하고 준수해야 한다는 걸 명심하라고.

☕ 최저임금

최저임금은 근로자의 생활 안정과 노동력의 질적 향상을 꾀하기 위해 일정 수준 이상의 임금을 지급하도록 법으로 정한 것을 말해. 2024년을 기준으로 했을 때 시간당 최소 9,860원 이상을 지급해야 하지.

단, 예외가 있는데 바로 3개월 이내의 수습 근로자에 적용되는 사항이야. 수습 근로자는 최저임금의 90%를 적용할 수 있어. 이는 교육이 필요한 초보 근로자에게는 훈련에 필요한 비용이 들어가는 걸 감안한 사항이라고 할 수 있어.

2018년에 단순노무업무 근로자는 수습 근로자에서 제외하도록 명시했는데, 이게 참 애매모호해. 바리스타는 과연 단순노무업무 근로자인가 아닌가를 어떻게 판단할 수 있을까? 나는 바리스타를 전문직으로 생각해. 기술과 노하우를 배우려면 꽤나 긴 시간이 걸리거든.

아무튼 최저임금 이하로 급여를 책정하는 건 불법이라는 걸 꼭 명심하라고. 잘못했다간 신고당하기 쉬운 세상이야.

☕ 주휴수당

근로기준법 제55조(휴일)는 "사용자는 근로자에게 1주에 평균 1회 이상의 유급휴일을 보장해야 한다."라고 명시했지. 이 유급휴일을 주휴일이라고 부르고 일주일에 15시간 이상 일하는 근로자라면 근로 형태와 관계없이 적용되며, 5인 미만 사업장에서도 적용되는 수당이야.

주휴수당 때문에 최근 많은 프랜차이즈 카페가 법적 분쟁에 휘말리기도 했어. 사실 동네 카페에서 주휴수당을 적용하는 건 현실적으로 어려운데, 최근에는 아르바이트생들이 주휴수당을 요구하는 경우가 많이 생겼기 때문이야.

법적으로 당연해도 카페 사장 입장에서는 일하지도 않은 시간에 급여를 주는 게 부당하다고 느끼겠지. 그래서 최근 카페 사장들은 주당 15시간을 넘지 않는 범위 안에서 아르바이트생을 고용하는 방향으로 전환하고 있어.

PART.7

카페 운영 실전 가이드

직원으로서의 마음가짐

첫인상은 고객이 매장에 방문해서 나갈 때까지 일어나는 모든 행위에서 결정된다는 걸 알아? 고객이 매장을 나가는 순간까지 모든 직원이 최선을 다해 고객을 응대해야 해.

첫인상을 결정짓는 요소 중 시각적인 부분이 55%로 가장 많은 영향을 주므로 매장의 환경, 응대하는 직원의 용모, 복장, 표정 등 우리가 쉽게 지나칠 수 있는 기본적인 것부터 점검하고 고객을 맞이할 준비를 해야 된다는 걸 명심해. 첫인상을 결정하는 요소들은 다음과 같아.

1. 시각적인 이미지

직원의 용모, 복장, 표정, 자세, 태도, 눈맞춤 외에 매장의 청결 상태

2. 청각적인 이미지

직원의 응대 목소리 톤, 말의 높낮이, 음악 선곡 등

3. 대화의 내용, 용어

직원들이 사용하는 응대 용어(첫인상에서는 7%지만 대화를 지속하는 데 있어서는 50% 이상의 영향을 미침)

고객을 대할 때의 자세와 동작은 시각적인 언어이자 마음의 외적 표출이야. 고객을 생각하고 존경하는 마음이 내재되어 있을 때, 비로소 자연스런 자세와 동작이 연출되겠지.

1. 대기 자세

항상 웃는 얼굴을 유지하고 다른 업무 중에도 수시로 출입문을 확인해서 고객이 들어오는지 확인해야 해. 고객이 들어오면 빠르게 포스로 이동해서 고객을 맞이하는 게 좋아.

2. 방향 지시

상체를 가볍게 숙이고 손가락을 가지런히 모아 고객에게 손바닥이 보이도록 내밀어야 해. 절대 손가락으로 방향을 알려주면 안 돼. 시선은 '고객의 눈 → 지시 방향 → 고객의 눈' 순으로 하는 게 좋아.

3. 거스름돈이나 카드를 건넬 때(음료를 건넬 때)

고객을 정면으로 바라보면서 손에서 손으로 전달하도록 해. 음료는 두 손을 사용해 고객 쪽으로 가볍게 밀어주면서 상체를 굽히거나 눈을 마주치며 미소를 지어. 그리고 인사말("감사합니다. 맛있게 드세요.")과 함께 건네는 거야.

용모 체크 리스트

1. 두발의 상태가 지저분하지 않습니까? ☐

2. 명찰은 착용했습니까? ☐

3. 유니폼은 깔끔하고 청결합니까? ☐

4. 모자를 너무 깊숙이 눌러써서 얼굴이 많이 가리지는 않았습니까? ☐

5. 손톱은 정갈하고 짧게 정리되었습니까? ☐

6. 표정은 밝게 유지하고 있습니까? ☐

근무 태도 체크리스트

1. 최소 출근 시간 10분 전에 입점합니까? ☐

2. 유니폼을 벗고 퇴근하기 전에 미뤄둔 일이 없는지 확인합니까? ☐

3. 유니폼을 벗은 후에는 매장 음료 제조 바에 머무르지 않습니까? ☐

4. 부득이한 사정으로 지각 및 결근할 경우에는 상사에게 미리 연락하고, 예상 가능한 경우는 미리 알려서 허락을 받습니까? ☐

5. 근무 중 자리를 비울 때는 선임이나 동료에게 행선지를 알립니까? ☐

6. 근무 중 유니폼을 입고 고객용 테이블에 앉지는 않습니까? ☐

7. 매장 내에서는 뛰지 않습니까? ☐

8. 근무 중 개인 휴대폰을 휴대하지 않습니까? ☐

9. 고객이 보는 곳에서 흡연하거나 음식물을 섭취하지 않습니까? ☐

10. 카페 이미지를 저해하는 행동을 삼가고 있습니까? ☐
   (머리 긁기, 하품, 기지개 켜기, 침 뱉기 등)

고객과의 대화 예절

고객에 대한 호칭부터 알아볼까? 고객의 성함을 불러야 하는 경우는 '000 고객님'이라고 부르는 게 정석이야. 보통 '손님' 혹은 '고객님'으로 칭하지.

직원들끼리는 직함이 있는 경우 '직함님'으로 부르는 게 좋아. 예를 들어 매니저를 부를 때는 '매니저님'이라 하는 거지. 직책이 없는 선임에게는 '선배님'이라는 호칭을 사용하고, 동기나 후배는 '○○님'라고 부르면 돼. 고객이 있는 곳에서 '언니, 오빠, 누나, 형' 등의 호칭은 사용하지 않도록 주의해.

🪑 쿠션어휘 사용

쿠션어휘는 부정적인 내용을 말하거나 부탁을 할 때 사용하지. 쿠션어휘 다음에는 정중한 표현을 사용하므로 고객에게 보다 공손한 표현을 쓸 수 있어. 예를 들자면 '불편하시겠지만', '죄송하지만', '실례합니다만' 등이 있지.

🪑 긍정적 어구의 사용

고객의 요구에 '안 됩니다'라고 하기보다는 '그러셨습니까?', '잠시 기다려주시면 확인해드리겠습니다' 등의 긍정적 표현을 사용해야 해. 예를 들자면 '현금영수증 카드 없으세요?'보다는 '현금영수증 카드 있으실까요?'라고 묻는 식이야.

포스 응대

맞이 인사 후에 고객이 포스로 다가올 때	"안녕하세요, 주문 도와드리겠습니다." 반드시 눈을 마주치고 밝게 웃으며 인사한다.
응대 중 고객이 메뉴를 고르지 못하고 메뉴 보드를 한참 바라보고 있을 때	"고객님, 제가 메뉴 선택하는 것을 도와드릴까요?" 고객에게 다가가 메뉴를 선택할 수 있도록 도와드린다. 최대한 밝게 웃으며 응대한다.
주문을 도우려는데 고객이 그것을 원치 않을 때	"네, 알겠습니다. 그럼 천천히 보시고 메뉴 결정하시면 주문 도와드리겠습니다." 공감 표현을 하고 고객이 고를 수 있는 시간을 준다. 이때 바쁘지 않더라도 다른 직원과 사담을 나누지 않고 메뉴를 고르면 바로 도와드리겠다고 말한다.
대기 고객이 많은데 현재 응대하는 고객이 일행과 대화를 나누느라 주문을 하는데 시간이 많이 걸릴 때	"메뉴 고르시는 데 시간이 많이 걸리시면 다음 고객님부터 주문 도와드려도 될까요?" 다음 고객 먼저 주문을 도와드린다고 양해를 구한다.
고객에게 다음 고객 먼저 도와드린다고 했는데 화를 내거나 지금 주문하려고 했다고 하는 경우	"죄송합니다. 빨리 주문 도와드리겠습니다." 즉시 사과하고 주문을 도와드리겠다고 한다.
영수증, 고객의 카드, 진동기를 건네는 경우	두 손으로 공손히 건넨다. 무성의하게 보일 수 있으므로 절대 한 손으로 건네지 않는다.
셀프 서비스임에도 자리에서 주문하겠다고 할 경우	"고객님, 죄송합니다. 저희는 셀프 서비스 매장입니다. 주문은 이쪽에서 도와드리겠습니다." 당황하지 말고 밝게 웃으며 셀프 서비스 매장임을 알린다.

주문하실 때 사이드 메뉴를 구매하지 않는 경우	"고객님, 커피와 함께 드실 수 있는 쿠키는 어떠세요?" 고객에게 커피와 같이 먹을 수 있는 사이드 메뉴를 적극 권유한다.
사이드 메뉴를 권유했는데 고객이 구매하지 않겠다고 할 경우	"네, 고객님, 저희 (샌드위치, 허니브레드)가 맛있으니 다음에 한 번 같이 드셔보시구요. 주문하신 커피 주문 도와드리겠습니다." 당황하지 말고 밝게 웃으며 공감하고 주문을 도와드린다. 다음에 주문할 것을 권한다.
구매 금액이 6,100원, 10,100원 등 동전 한 개만 더 내면 거스름돈으로 동전을 잔뜩 드릴 필요가 없는 경우	"고객님 혹시 100원짜리 동전 있으실까요?" 동전이 있는지 고객에게 확인한다.
고객이 거스름돈을 잊고 그냥 가는 경우	"고객님, 거스름돈 가져가세요." 거스름돈을 받아 가시라고 안내한다.
고객이 거스름돈을 두고 가고, 돌려주지도 못한 경우	"고객님 거스름돈 트레이에 준비해드렸습니다. 확인해보세요. 고맙습니다." 음료가 제공되는 트레이에 준비한다. 그리고 음료를 제공할 때 고객에게 안내한다.
고객이 타사 음료의 이름을 대면서 그런 음료가 있냐고 묻거나 비슷한 음료를 추천해달라고 할 경우	"고객님, 죄송한데 말씀하신 음료를 제가 정확하게 파악하지 못했네요. 어떤 맛인지 말씀 주시면 비슷한 음료를 권해 드리겠습니다." 당황하거나 얼굴을 붉히지 말고 비슷한 음료를 권하거나, 어떤 음료인지 모를 경우 고객에게 정중하게 물어본다. 이때 고객을 무안하게 만들지 않도록 주의한다.

다른 업무를 진행하다 고객이 들어오는 것을 발견하지 못했을 경우	"기다리시게 해서 죄송합니다. 주문 도와드리겠습니다." 입구 쪽을 최대한 자주 주시한다. 고객이 포스에서 대기하는 경우, 하던 일을 멈추고 최대한 빨리 고객 쪽으로 다가간다.
고객이 커피를 받으려고 제공대로 오는 경우	"주문하신 메뉴 준비되었습니다. 맛있게 드세요." 자리를 뜨지 말고 진동기를 손으로 건네 받고 맛있게 드시라는 멘트를 한다.

컴플레인 처리 절차

고객이 컴플레인을 제기했을 때 당황하거나 표정을 굳히지 말고 다음 지침대로 응대하면 돼. 그리고 컴플레인을 처리한 후에는 고객이 만족했는지, 다른 불만은 없는지 반드시 확인해서 고객이 기분 좋게 매장을 떠날 수 있도록 해야 해.

컴플레인은 우리 매장의 서비스 제공 상황이 어떠한지 알수 있는 지표가 되므로 모두 소중한 의견이라 생각하고, 고객을 도우려는 마음으로 적극적으로 처리하는 게 좋아. 안 좋은 소리를 들었다고 해서 너무 기분 나쁘게 생각하지는 마.

🗄 컴플레인 처리 절차

▶ 1단계 : 진지하게 사과한다

사과는 흔쾌히, 그리고 진지하게 해야 해. 변명을 늘어놓을 필요는 없고, 장황하게 설명할 필요도 없어. '죄송합니다', '언짢게 해드려서 죄송합니다'라고 하는 걸로 충분해.

▶ 2단계 : 고객의 불만에 수긍한다

'네, 그러셨어요?' 또는 '어머나'와 같은 간단한 말로 그대가 고객의 불만을 경청하고 있음을 알리는 게 좋아.

▶ 3단계: 문제를 바로잡기 위해 조치를 취한다

고객이 정말로 원하는 것이 무엇인지 확인해야 해. '고객님 정말 죄송합니다. 제가 도와드릴 방법이 있을까요?' 같은 멘트를 곁들이면 좋아.

▶ 4단계: 문제를 지적한 데 감사하고 만족 확인을 한다

고객의 컴플레인을 들으면 기분이 나빠지는 것은 당연하지만, 컴플레인은 서비스 질을 높이는 계기가 된다는 걸 잊지 말도록 해. '고객님, 저희 매장의 발전을 위해 개선사항을 말씀

해주신 점 감사드립니다. 처리해드린 부분이 만족스러우십니까?'라고 물어보면 고객도 기분을 풀 거야.

🥤 제품 품질과 관련한 컴플레인

내용물을 버리지 말고 보관했다가 매장 책임자 및 전 직원이 맛을 보고 제품 품질을 다시 한 번 점검하도록 해. 그리고 상황이 허락된다면 고객의 자리로 새 제품을 갖다드리고, 맛이나 온도가 어떤지 정중하게 확인하는 게 좋아.

1. 맛이 없다거나 새로 제조해달라고 요청할 때

최초 응대 직원이 음료가 입에 맞지 않았냐고 묻고, 문제점을 확인하고 사과드리는 게 먼저야. 그리고 제품을 다시 제공해드리겠다고 말하고 신속하게 제공해. 새 제품을 제공한 후에는 맛이 어떤지 묻고 문제를 지적한 점에 감사 표현 후, 마지막으로 만족 확인까지 거쳐야겠지. 고객이 컴플레인을 걸었던 제품은 내용물을 보관했다가 매장 책임자를 비롯한 전 직원이 함께 맛을 보고 문제점과 개선점을 찾는 게 좋아.

2. 제품 온도에 관련된 컴플레인을 제기할 때

최초 응대 직원이 제품 온도가 적절치 못했다며 사과를 드리는 게 우선이지. 그리고 다시 적절한 온도로 제공해드리겠다고 말하면 돼. 온도를 신경 써서 새로 제공하면 고객도 만족할 거야. 물론 새 제품 제공 후에는 만족 확인을 거쳐야겠지.

3. 제품의 생크림을 빼달라고 할 때

최초 응대 직원이 생크림 토핑 여부를 확인하지 못한 점을 사과드려야 해. 그리고 생크림을 뺀 제품을 다시 제공하겠다고 말해야겠지. 다른 일보다 우선적으로 처리 후, 마찬가지로 문제 지적에 대한 감사와 만족 확인을 거치면 돼. 중요한 건 내용물 정리야. 고객이 보는 곳에서 음료 뚜껑을 열고 개수구에 버리거나, 생크림만 걷어내고 제공하지 않도록 해야겠지. 어떤 고객이 그걸 보고 좋아하겠어?

4. 제품 변질에 관련한 컴플레인

최초 응대 직원이 고객에게 제품 변질을 느꼈냐고 물어보고 제품 섭취 후 불편한 부분은 없는지 확인해야겠지. 고객에게 양해를 구한 뒤 제품의 맛을 보고 변질된 게 맞다면 불편을 드려 죄송하다고 정중하게 사과해야 돼. 제품을 새롭게 제공해드리고 앞으로는 제품의 위생에 적극 신경 쓰겠다고도 해야겠지. 그리고 만일을 대비해 고객의 연락처를 받아두고, 혹시라도 몸이 불편하다면 즉시 연락 달라며 매장 연락처를 전달해.

이때 중요한 건 큰 문제로 번질 수도 있는 사항인 만큼 매장 책임자나 선임 바리스타가 처리하는 게 좋다는 거야. 반드시 향후 대책안을 마련하는 것도 잊지 말고.

5. 이물질 발견에 관련한 컴플레인

일단 최초 응대 응대자가 이물질이 발견된 장소로 가. 이때 공손하고 침착하게 대처하는 게 좋아. 그리고 고객에게 정중히 사과드려. 이런 부분을 개선하기 위해 자세한 상황을 설명해달라고 정중하게 요청드리는 것도 잊지 말고.

사과의 의미로 커피 무료 제공 쿠폰을 제공하고, 고객의 연락처를 받아둬. 연락처를 받는 건 향후 진행 상황을 고객에게 알리기 위함이야. 혹시 고객이 연락처를 주고 싶지 않다고 하면 점포의 명함을 제공하면 돼.

내용물은 반드시 수거하여 밀봉 후 보관하도록 해. 고객의 양해를 구했으면 이물질이 발견된 당시 상황을 사진으로 찍어서 같이 보관하는 게 좋겠지. 매장 책임자에게 상황 설명 후 대책을 마련하기 위함이야.

감정 해소 후 문제해결	
클레임 상황	**응대 및 처리 기준**
주문 및 제공 시간 지체, 계산 착오	사과
주문 착오, 맛/품질 불만	사과 + 새 제품 교체 또는 서비스 메뉴 제공
고객이 운반 도중 제품 엎지름	고객 안전 확인 + 신속 처리 + 새 제품 제공
이물질 혼입, 유통기한 경과	사과 + 새 제품 교체 혹은 환불 + 서비스 메뉴 제공
직원의 불친절한 응대	사과 + 서비스 메뉴 제공
기타 제품류 파손 및 착오 지급	사과 + 교환 + 서비스 메뉴 또는 음료 제공
제품 파손 및 착오 지급으로 인한 환불 요구	사과 + 교환 + 서비스 메뉴 또는 음료 제공
고객의 정당한 환불 요구(위의 불만 사 항으로 인한 경우, 좌석이 없는 경우 등)	각 상황에 맞는 응대 + 즉시 환불
고의적인 클레임 제기	상황별 유동적 대처 및 본사 문의

카페 관리

🔳 재고 관리

재고는 규칙적으로 관리해서 영업에 지장이 가지 않도록 해야 돼. 재고 관리를 제대로 하지 않아서 영업에 지장이 가면 고객에게 불편을 줄 수 있고, 불쾌감을 느낀 고객이 떠나면 결국 매출 감소로 이어지니까 말이야.

전부 머릿속에 담아두기는 힘들 테니 엑셀 파일을 만들어서 재고가 모자라는 일이 없도록 신경 써주면 좋아. 특히 커피나 테이크아웃 용품처럼 발주 후 배송까지 시간이 드는 제품은 주

2회 이상 체크하는 게 좋겠지? 너무 복잡하다는 생각이 들면 뒤에 있는 체크리스트를 참고해서 그대의 매장 상황에 맞게 활용하도록 해.

🥤 안전 관리

매장에서 근무하다 보면 크고 작은 사고 및 어려움들이 발생할 때가 있어. 가볍게 생각하고 지나칠 수 있는 매장 내 안전 관리에 만전을 기해서 고객과 직원이 다치는 일이 없도록 주의를 기울이자고. 장소마다 하나씩 알려줄 테니 잘 따라와.

1. 홀에서의 안전 관리

복층 매장의 경우 계단을 이동할 때 트레이를 한 번에 많이 가지고 내려오지 않는 게 기본이야.

테이블이나 컵 반납대를 정리할 때 여러 번 움직이더라도 조금씩 나눠서 옮기도록 해. 욕심을 내면 손목에 무리가 가거나 계단에서 미끄러지는 사고가 빈번하게 일어나거든.

계단이나 홀에서 뛰어다니지 않는 건 당연하지. 문을 여닫을 때는 뒤따라오는 사람이 있을 수도 있으니 항상 다른 사람의 손이나 물건이 끼지 않도록 주의하고.

테이블 또는 의자의 결함으로 고객이 뜨거운 제품을 쏟거나, 다치지 않도록 기물 관리 및 점검도 철저히 해야 해. 만일 결함이 있는 테이블이나 의자를 발견하면 즉시 담당자에게 보고해서 교체할 수 있도록 해야겠지.

만약 바닥에 물기가 있다면 고객이나 직원이 지나가다 넘어질 수 있으므로 바닥은 항상 마른 상태를 유지해야 해. 비나 눈이 오는 날이면 우산 포장기 및 물기 제거기를 입구에 비치하고, 마른 매트도 깔아두도록 해. 그래도 바닥을 수시로 점검해서 물기가 생기면 닦아내도록!

2. 음료 제조 바에서의 안전 관리

물기 있는 손으로 전자제품을 만지지 않고, 전자제품이 물과 닿지 않도록 주의해야 해. 날카로운 집기류나 위험한 도구는 별도로 보관하는 게 좋아. 특히 과도는 사용하자마자 세척해서 보관하는 자리에 두는 게 안전 사고를 예방하는 방법이겠지.

음료 제공 시, 뜨거운 음료를 들고 있다면 매장이 바쁜 상황이더라도 주변을 의식하며 조심히 걷도록 해야겠지. 음료 제조 바가 좁다면 그것 또한 고려 대상이야. 뜨거운 음료는 엎지를 시에 화상을 입을 수 있으니 정말 조심해야 해.

잊기 쉬운 사실이지만 에스프레소 머신은 항상 뜨거우므로 조심해야 해. 따뜻한 음료를 제조하기 위해 스팀기를 사용할 때 스팀봉은 늘 안쪽을 향해야 하는 것도 알지?

설거지를 할 때는 반드시 고무장갑을 착용하고, 그릇을 많이 쌓아두지 않아야 해. 개수대 안에 깨진 유리나 날카로운 집기가 있는데 그릇이 쌓여서 보이지 않으면 큰일이잖아. 특히 블렌더나 깨진 컵에 손을 베일 수 있으니 주의하도록!

만약 깨진 유리가 있다면 꼭 우유팩처럼 두꺼운 종이에 싸서 버리는 것도 잊지 마. 쓰레기 봉투 안에 그대로 넣었다가는 2차 사고의 위험이 있거든. 그리고 쓰레기를 버릴 때는 항상 고무장갑을 착용한 채 눌러서 버려야 해.

조심하고 또 조심했는데도 피치 못하게 손을 다쳤다면 음료 제조에 문제가 생길 수 있으므로 안전 관리에 만전을 기하는 게 좋아. 즉시 치료할 수 있도록 카페에 연고, 소독약, 화상 연고, 지혈제, 반창고, 거즈 등을 비치해둬.

3. 금전 관리

퇴근 시 포스 키, 금고 키 모두 수납장 같은 안전한 곳에 보관하도록 해. 번거롭더라도 그게 마음 편하지 않겠어? 돈에 문제가 생기면 정말 큰일이잖아.

금고 및 포스는 아무리 바빠도 열어두지 마. 금고 비밀번호는 주기적으로 변경하고, 가급적 매니저급 직원들끼리만 공유하는 게 좋겠지. 포스 선반이 낮은 매장에서는 도난 사고가 발생하기도 하니 주의하도록 해.

현금 시제는 시간 날 때마다 체크해야 해. 만일 금액에 오차가 발생하면 무작정 다른 사람을 의심하지 말고 천천히 생각하며 반드시 사유를 밝히도록!

만 원 단위는 포스에 많이 보관하지 말고, 상황에 맞춰 금고에 보관하는 게 금액을 확인할 때도 편할 거야.

지출 건은 꼭 선임 직원이나 매장 책임자에게 먼저 보고한 다음 지출하도록 교육하는 것도 잊지 마. 마찬가지로 입금액이 발생했을 때도 같은 과정을 거쳐야 해.

간혹 소화기 충전이나 A/S라면서 매장 책임자와 얘기된 사항이니 현금을 지불하라는 사람이 있어. 바로 이런 걸 조심해야 돼. 선임이나 점장으로부터 미리 전달받은 내용이 아니라면 반드시 확인부터 하는 게 좋겠지. 만일 매장 책임자가 부재중이라면 통화를 해서라도 꼭 확인을 거쳐야 해.

A/S 관리

문제가 생기면 당황하지 말고 재빠르게 행동하며, 고객들이 동요하지 않도록 상황에 맞는 양해를 구해야 해. 최대한 빠르게 상황을 해결하도록 노력하는 게 우선이되, 직원들의 안전도 신경 써야겠지.

1. 포스 연결이 되지 않을 때

일단 전원이 연결됐는지 확인해. 다음은 인터넷에 문제가 없는지 확인해야겠지. 아예 전원을 껐다 켰는데도 연결되지 않으면 포스 고객센터에 연락해.

2. 카드 결제가 되지 않을 때

당황하지 말고 포스에 판매 품목을 입력한 다음, 고객에게 현금 결제를 유도해. 고객이 현금을 소지하고 있지 않다면 별도의 비상용 유선 단말기를 이용해서 결제를 시도하면 돼.

3. 주방용 빌지 프린터기가 작동하지 않을 때

전원이 잘 들어왔는지 확인하는 게 먼저야. 연결되지 않았다면 똑같이 포스 고객센터에 문의해서 해결해야겠지.

4. 갑자기 정전되었을 때

당황하지 말고 고객들께 정전됐으며, 빨리 해결하겠다고 양해를 구해. 배전함을 확인해서 혹시 차단기가 내려간 건 아닌지 확인해 봐. 만약 그렇다면 20~30분 정도 시간을 두고 차단기를 올리면 작동하기도 하거든. 감전 사고가 없도록 반드시 마른 손으로 해야 한다는 거 잊지 마! 그래도 해결되지 않는다면 관리사무소 및 A/S 업체에 점검을 요청해.

5. 하수구나 변기가 막혔을 때

'점검중입니다'라는 문구를 프린트해서 코팅한 걸 비치해뒀다가 문제가 발생하면 화장실 문에 붙여둬. 수도 사용을 멈추고 문제를 처리할 시간을 버는 셈이지. 트래핑 등의 세척액을 부은 다음 30분 정도 대기하고, 다시 물을 부어서 하수구가 뚫렸는지 확인해. 고무 빨판이나 기타 도구를 사용하는 것도 좋은 방법이야. 할 수 있는 모든 방법을 동원했는데도 뚫리지 않으면 A/S 업체에 연락해.

6. 물이 계속 샐 때

재빨리 수도 밸브를 잠그고 더 이상 물이 넘치지 않도록 만들어. 바닥에 고인 물은 바가지 같은 도구를 이용해서 퍼내고. 물을 모두 퍼내면 다시 밸브를 열어서 누수 지점을 찾아내. 물이 새는 위치와 정확한 원인을 찾아내서 A/S 업체에 연락하면 돼.

7. 에어컨에서 물이 떨어질 때

여름에는 외부 온도와 내부 온도의 차이로 에어컨에서 물이 떨어질 수 있으므로 에어컨과 가까운 위치의 좌석과 바닥을 수시로 점검해야 돼. 물이 떨어지는 좌석에 앉은 고객에게 양해를 구하고 다른 자리로 안내해드리는 건 기본이야.

8. 에스프레소 장비가 다운됐을 때

배전함을 확인해서 차단기가 내려가지는 않았는지 확인부터 해. 차단기가 내려갔다면 정전 상황과 마찬가지로 감전 사고를 대비해서 마른 손으로 차단기를 올려주면 돼. 모든 차단기를 동시에 올리면 다시 정전될 수 있으니 한 개씩 올리는 거 잊지 말고. 그런 다음 직원이 장비의 이상 유무를 확인하고, 만일 이상을 발견하면 머신의 전원을 차단하면 돼. 수도 밸브까지 잠갔으면 매장 책임자에게 연락해서 A/S를 요청하도록 해.

부록

창업 체크리스트 및 액션 플랜

항목	세부 내용	첫째 주						
		1	2	3	4	5	6	7
사업자 준비 사항	위생교육							
	영업등록증							
	사업자등록증							
	전체 스케줄 구상 및 확정							
	매장분석 및 상권분석							
	카페명 및 로고 선정							
	인테리어 콘셉트 논의							
	인테리어 업체 선정							
	인테리어 비용 결제							
	전기 승압 신청 등 인테리어 절차상 업무							
	인터넷, 보안 업체 선정 및 신청							
	음료 및 운영 교육 이수							
	메뉴 및 가격 설정 논의							
	에스프레소 머신 등 카페 장비 선정							
	바 설계 시 인테리어 업체에 장비 스펙 전달 및 논의							
	인테리어 업체와 논의 후 장비 입고일 결정							
	이벤트 및 행사 일정, 세부 전략 등 결정							
	메뉴 및 가격 설정 논의							
	각종 장비 업체별 주문							
	메뉴판, 벽면 포스터 및 POP 등 디자인							
	배너, 현수막, 쿠폰, 명함, 리플릿 등 홍보물 제작 및 주문							
	냅킨, 머그컵, 테이크아웃 컵 등 제작 및 주문							
	유니폼, 모자, 앞치마, 명찰 등 제작 및 주문							
	카페 부재료 자체 쇼핑몰 주문							
	젤라또, 마카롱, 빵, 과일 등 외주 업체 부재료 주문							
	각종 제작물 배송 진행 사항 체크							
	장비 설치 및 바 세팅							
	직원 채용 공고							
	직원 채용 면접 실시							
	가오픈 실시							
	가오픈 후 피드백(메뉴 가격 및 운영 주의사항 체크)							
	정식 오픈 행사							

* 장비, 부재료, 제작물 등은 별도 체크리스트 작성

둘째 주							셋째 주							넷째 주							
1	2	3	4	5	6	7	1	2	3	4	5	6	7	1	2	3	4	5	6	7	
																					그 랜 드 오 픈

초도물품 리스트 - 커피 부재료 관련 쇼핑몰 및 유통사 구매 물품

구분	품목	규격	수량	단가(VAT별도)
소스 및 시럽 등	초코 소스	2,470g	3	₩
	캐러맬 소스	1,890ml	3	₩
	바닐라 시럽	1,000ml	3	₩
	헤이즐넛 시럽	1,000ml	3	₩
	캐러맬 시럽	1,000ml	3	₩
	설탕 시럽	1,000ml	4	₩
	딸기, 블루베리 등 각종 스무디 소스	1,000ml	3	₩
티	페퍼민트	30ea	1	₩
	캐모마일	30ea	1	₩
	핑크로즈	30ea	1	₩
	다즐링	30ea	1	₩
	얼그레이	30ea	1	₩
파우더	녹차 파우더	500g	3	₩
	고구마 파우더	1kg	2	₩
	초코토핑 파우더	180g	2	₩
	시나몬 파우더	180g	2	₩
	쿠키분태	800g	1	₩
	레드벨벳 파우더	1.5kg	1	₩
	티라미수 파우더	800g	1	₩
견과류	아몬드	1ea	1	₩
	캐슈너트	1ea	1	₩
	호두 분태	1ea	1	₩
펌프	기라델리 소스 펌프	–	2	₩
	필립스 소스 펌프	–	2	₩
	모닝 시럽 펌프	–	5	₩
	1883 루틴 시럽 펌프	–	5	₩
	다빈치 시럽 펌프	–	1	₩

금액(VAT포함)	비고
₩	
₩	시럽은 향과 맛에 따라 수십 가지 종류가 있다. 여기에 각 브랜드별
₩	로 따지게 되면 수백 종 이상의 시럽이 존재한다. 다만 브랜드별로
₩	향미의 강함과 부드러움, 혹은 인공향이냐 천연향이냐에 따라 호불
₩	호가 갈린다. 브랜드별로 명확한 특징과 개성이 있지만 각자의 입맛
₩	이 다르다는 것을 고려할 때 이를 분류하는 것은 크게 의미가 없어서
₩	가장 많이 사용하는 시럽만 리스트업했다.
₩	
₩	카페에서 사용하는 차는 녹차, 홍차, 허브차 등 크게 3가지로 분류
₩	해서 메뉴로 준비한다. 차는 커피나 와인처럼 공부하려 들면 너무
₩	나 깊은 영역이다. 그래서 일반적인 카페에서는 4종 정도의 차를 준
₩	비한다.
₩	
₩	
₩	
₩	
₩	파우더도 시럽의 경우와 같다.
₩	
₩	
₩	
₩	견과류는 크레이저 커피에서는 주로 사용하는 부재료다. 일반적으
₩	로 브런치 카페에서 사용하는 부재료이긴 하지만 요즘엔 견과류를
₩	활용한 여러 메뉴가 많이 출시되고 있다.
₩	시럽과 소스 펌프는 잘못 구매하면 크기나 길이가 맞지 않아서 새로
₩	구입해야 하는 경우가 간혹 있다. 일반적으로 시럽 브랜드에 맞춰서
₩	구입하면 되지만 간혹 저렴하게 나온 브랜드의 펌프를 사용할 경우
₩	에는 해당 브랜드의 시럽이나 소스병과 호환 가능한지 반드시 확인
₩	해야 한다.

구분	품목	규격	수량	단가(VAT별도)
카페용품(바용품)	삼지창 바 스푼(중)	-	3	₩
	삼지창 바 스푼(대)	-	2	₩
	거품 스푼(카푸치노 스푼)	-	1	₩
	스텐 원형 스푼 꽂이 1호	-	4	₩
	[누보] 신형 라떼아트 펜 블랙(에칭 펜)	-	1	₩
	네오 스팀피처	350ml	2	₩
	네오 스팀피처	600ml	2	₩
	네오 스팀피처	1,000ml	2	₩
	칼리타 밀크포머 온도계	-	1	₩
	바 캐디	-	2	₩
	리드 디스펜서	-	2	₩
	레드캡 머신 청소 브러쉬	-	1	₩
	국산 소스용 튜브	12oz	5	₩
	스텐 스퀴즈	-	1	₩
	그물망 파우더통	-	3	₩
	쉐이커	700ml	1	₩
	국산 매장용 물포트	2L	3	₩
	송월타월 카페행주 화이트	30*30	5	₩
	송월타월 카페행주 브라운	30*30	10	₩
	Vancraft 포터필터행주	-	2	₩
	바리스타 린넨 브라운	-	10	₩
	홈아트 우유거품기	350ml	1	₩
	카파 휘핑기	-	1	₩
	카파 질소가스	-	10	₩
	전자저울 5kg	-	2	₩
	Sato 전자타이머 BT-182	-	2	₩
	[누보] 계량스푼 브라운 13cm NV-1CSB	-	5	₩
	일자형 계량컵	500ml	2	₩
	일자형 계량컵	1L	2	₩
	국자	1oz	4	₩
	스텐 미니 집게	-	1	₩

금액(VAT포함)	비고
₩	
₩	
₩	
₩	
₩	
₩	
₩	
₩	
₩	
₩	
₩	
₩	
₩	
₩	바 용품의 경우는 평균적으로 이 정도 물품을 사용한다고 보고 빼도 되는 물품이나 추가해야 하는 물품을 찾아내면 되겠다. 매장 특성에 따라 모양이나 형태, 크기 등을 선택해서 사용하면 된다.
₩	
₩	
₩	
₩	
₩	
₩	
₩	
₩	
₩	
₩	
₩	
₩	
₩	
₩	
₩	
₩	

구분	품목	규격	수량	단가(VAT별도)
	플라스틱 집게(대)	-	2	₩
	보르미올리 피도 병	3L	8	₩
	스텐 계량컵(천성 계량컵)	200ml	3	₩
생과일	계절과일	-	-	₩
	레몬	1ea	30	₩
	자몽	1ea	8	₩
	오렌지	1ea	30	₩
냉동 과일	야생종 냉동 블루베리	1kg	5	₩
	냉동 가당 딸기	1kg	8	₩
	냉동 파인애플	1kg	5	₩
	냉동 애플망고	1kg	5	₩
	냉동 블루베리	1kg	5	₩
	냉동 체리	500g	10	₩
	냉동 라즈베리	2.5kg	1	₩
테이크아웃 용품	12온즈 종이컵	12oz(1,000ea)	1	₩
	17온즈 종이컵	17oz(1,000ea)	1	₩
	12/17 종이컵 리드(개폐형 블랙)	12/17(1,000ea)	2	₩
	92파이 14oz 아이스컵(100ea)	14oz(1,000ea)	1	₩
	92파이 20oz 아이스컵(100ea)	20oz(1,000ea)	1	₩
	92파이 아이스컵 뚜껑(돔, 100ea)	92파이(1,000ea)	2	₩
	크레이저 비닐봉투	1ea	100	₩
	크레이저 냅킨	8,000ea(box)	1	₩
	홀더	500ea	2	₩
	컵 캐리어	200ea	1	₩
	미니바 설탕(5g)	100p	5	₩
	커피스틱 블랙	18cm	5	₩
	자바라 스트로우(벌크/블랙)	500ea	5	₩
	버블티 스트로우(벌크/투명)	200ea	10	₩
	데일리 주스병, 뚜껑	1ea	160	₩
	밀크티 보틀, 뚜껑	1ea	176	₩

금액(VAT포함)	비고
₩	
₩	
₩	
₩	과일은 매장 인근 마트나 시장에서 구입하는 게 가장 좋다. 다만 가
₩	격이 비싸거나 인접한 곳에 마트가 없으면 쇼핑몰에서 따로 구입해
₩	도 된다. 쇼핑몰은 품질을 보장할 수 없다는 게 단점이지만 문제가
₩	있는 상품은 반품이나 교환, 환불이 가능하기 때문에 최근에는 그런 단점이 많이 사라지고 있다.
₩	
₩	
₩	열대과일 같은 경우는 냉동제품으로 살 수밖에 없다. 카페에서 마시
₩	는 대부분의 열대과일 음료는 거의 냉동과일이라고 할 수 있다. 물론
₩	생과일을 사용하는 곳도 많지만 재고 관리나 가격 측면에서 문제가
₩	될 수 있기 때문에 냉동과일을 많이 사용하는 것이다.
₩	
₩	
₩	
₩	
₩	
₩	
₩	
₩	
₩	
₩	테이크아웃 용품은 바용품과 같이 매장의 특성에 따라 크기나 용량,
₩	재질에 맞춰 구매하면 된다.
₩	
₩	
₩	
₩	
₩	
₩	

구분	품목	규격	수량	단가(VAT별도)
스티커	크레이저 로고 스티커(원형)	2ea	100	₩
	데일리 주스 스티커	1ea	160	₩
	밀크티 보틀 스티커	1ea	160	₩
	딸기라떼 스티커	1ea	160	₩
	바나나라떼 스티커	1ea	160	₩
더치용품	더치 250ml 병, 병 뚜껑	1ea	20	₩
	더치 250ml 병 스티커	1ea	20	₩
	더치 포장 용품(250ml 전용 박스)	1ea	20	₩
	더치 500ml 병, 병 뚜껑, 수축 필름	1ea	20	₩
	더치 500ml 병 스티커	1ea	20	₩
	더치 포장용품(500ml 전용 지관통)	1ea	20	₩
대용량 설탕	대한제당 설탕	15kg	1	₩
머신 관련	탬퍼(손잡이, 베이스)	–	2	₩
	넉박스	–	1	₩
	누보 3라인 샷글라스 NV-03SG	–	2	₩
	머신 청소세제	–	1	₩
커피 관련	Spanner 샘플(연습용)	1kg	2	₩
	Spanner 초도물량	1kg	3	₩
	Hammer 샘플(연습용)	1kg	2	₩
	Hammer 초도물량	1kg	3	₩
	Drill 샘플(연습용)	1kg	1	₩
	Drill 초도물량	1kg	4	₩
	스페셜티 커피(싱글오리진)	1kg	3	₩
	싱글오리진(Africa)	500g	1	₩
	싱글오리진(America)	500g	1	₩
	싱글오리진(Asia)	500g	1	₩
	100-250g 원두봉투(Hammer)	200g	10	₩
	100-250g 원두봉투(Drill)	200g	10	₩
	100-250g 원두봉투(Single)	200g	25	₩

금액(VAT포함)	비고
₩	
₩	여기에 기재한 스티커는 크레이저에서 사용하는 각종 유리병, 혹은
₩	플라스틱병에 부착해서 사용하는 것이다. 카페에서 사용하는 스티커
₩	의 종류는 테이크아웃 홀더, 캐리어 등에도 많이 사용하고 있다. MD
₩	상품을 만드는 것보다도 저렴하게 활용할 수 있기 때문이다.
₩	
₩	
₩	
₩	더치커피를 판매하는 곳에서는 반드시 준비해야 하는 물품들이다.
₩	물론 사용하는 병 모양이나 종류, 용량에 따라 해당 쇼핑몰에서 구
₩	입하면 된다.
₩	
₩	청을 담는다면 설탕을 대용량으로 구매해서 사용하는 것도 좋다. 그
	리고 설탕 시럽을 직접 만드는 곳에서도 대용량으로 구매하는 것도
	하나의 방법이다.
₩	
₩	이 물품들 같은 경우는 머신을 구매할 때 서비스로 주는 경우도 있고
₩	따로 구매해야 하는 경우도 있다. 머신 구매 시 확인해서 구비하면
₩	된다.
₩	
₩	
₩	
₩	
₩	커피 원두는 매장 오픈 초기에 맛을 세팅해야 하기 때문에 연습용
₩	으로 2kg 정도 구매해서 세팅을 잡는 게 좋다. 향후 채용된 직원이
₩	나 아르바이트생에게도 커피를 가르쳐야 하기 때문에 매장 오픈 전
₩	에 미리 연습하는 게 낫다. 원두는 굳이 여러 종류를 살 필요는 없고
₩	매장의 방향성에 따라 선택하면 된다. 리스트에 있는 원두는 매장
₩	에서 원두를 판매하는 경우에 준비해야 하는 원두 봉투까지 나열한
₩	것이다.
₩	
₩	
₩	
합계(VAT 포함가)	₩

초도물품 리스트 - 마트나 다이소와 같은 생활용품점 구매 리스트

구분	품목	규격	수량	단가(VAT별도)	금액(VAT포함)
주방용품	도마	중	1	₩	₩
	베이킹소다		1	₩	₩
	크린장갑(일회용)	100P	1	₩	₩
	고무장갑	2P	2	₩	₩
	락앤락	3L	8	₩	₩
	얼음틀		3	₩	₩
	믹싱볼	대	2	₩	₩
	주방세제		1	₩	₩
	다목적 수세미		1	₩	₩
	철 수세미	2P	1	₩	₩
	식도	대	1	₩	₩
	손세정제(데톨 or 아이깨끗해)	250ml	2	₩	₩
	핸드타월(수건)		1	₩	₩
	유한락스	1.8L	1	₩	₩
	가는 채반		1	₩	₩
	굵은 채반		1	₩	₩
	물컵(손님용)		-	₩	₩
비품	휴지		1	₩	₩
	휴지통	50L	2	₩	₩
	바닥 청소용 대걸레	6P	1	₩	₩
	방비세트(빗자루/쓰레받기)		1	₩	₩
	유리 세정제		2	₩	₩
	페인트 붓-소(그라인더 주변 청소용)		2	₩	₩
	페인트 붓-대(그라인더 주변 청소용)		1	₩	₩
	응급상자		1	₩	₩
	의약품		-	₩	₩

구분	품목	규격	수량	단가(VAT별도)	금액(VAT포함)
비품	매직테이프(반투명 테이프)		2	₩	₩
	커터칼		1	₩	₩
	사무용 가위		1	₩	₩
	네임펜		3	₩	₩
	수첩		2	₩	₩
	명세서 파일		5	₩	₩
	사각꽂이(펜, 사무용품꽂이)		1	₩	₩
	종량제 봉투		한묶음	₩	₩
	음식물 쓰레기 봉투		한묶음	₩	₩
	멀티탭		2	₩	₩
	블랙보드		1	₩	₩
	보드마카		1	₩	₩
		합계(VAT포함가)		₩	

초도물품 리스트 - 지점별 디자인,홍보물 리스트

구분	품목	규격	수량	단가(VAT별도)	금액(VAT포함)
디자인용품	명함(직원용)-수입지(키칼라아이스골드)	90×50, 600매	1	₩	₩
	명찰(직원용)-은색 헤어라인, 부식, 강자석형	60×20	4	₩	₩
	커피 쿠폰-수입지(매쉬멜로우 화이트)	90×50, 800매	1	₩	₩
	쿠폰 스탬프		1	₩	₩
	스탬프 잉크	RED	1	₩	₩
	X배너 거치대 양면형(실외용)	물통형	1	₩	₩
	X배너 거치대 단면용(실외용)	물통형	2	₩	₩
	X배너 거치대 단면용(실내용)	물통형	1	₩	₩
	X배너 출력물 - 사구타공, 무광코팅	600× 1,800	4	₩	₩
	A4 POP-아크릴 거치대		6	₩	₩
	POP, 포스터		6	₩	₩
	오픈 이벤트 현수막	사이즈별 상이	1	₩	₩
	아크릴 거치대(쇼케이스용)	90×55	10	₩	₩
	사은품용 보틀(오픈이벤트) -1박스, 50개	50ea	1	₩	₩
	모자	1ea	6	₩	₩
	유니폼	1ea	6	₩	₩
	전단지	B5	4,000	₩	₩
	액자 및 소품		5	₩	₩
		합계(VAT포함가)	₩		

위생 체크 리스트

구분	점검사항	오픈	마감	점검자	비고
대변기	대변기 주변에 오물 및 휴지는 없는가?				
	대변기의 배수는 원활하게 이뤄지는가?				
	휴지는 충분히 배치되었는가?				
	대변기 파손 및 누수는 없는가?				
	바닥에 물기는 없는가?				
	비데는 고장 없이 작동하는가?				
	잠금 장치에 고장 및 파손은 없는가?				
	휴지통의 쓰레기는 정리되어 있는가?				
소변기	소변기 주변에 오물 및 휴지는 없는가?				
	소변기의 배수는 원활하게 이뤄지는가?				
	소변기 파손 및 누수는 없는가?				
	바닥에 물기는 없는가?				
	조명은 고장 없이 작동하는가?				
	세정수량은 적당한가? (급수)				
	금속 부품에 부식(녹)이 발생하지 않았는가?				
세면기	세면기 주변에 오물 및 휴지는 없는가?				
	금속 부품에 부식(녹)이 발생하지 않았는가?				
	세면기 파손 및 누수는 없는가?				
	세면기의 배수는 원활하게 이뤄지는가?				
	세면기 주변에 물기는 없는가?				
	거울은 물자국 없이 청결하게 유지되는가?				
	비누, 손세정제는 충분히 준비되어 있는가?				
	페이퍼타올은 충분히 준비되어 있는가?				
	핸드 드라이어는 오염 및 고장 없이 작동하는가?				
바닥면	바닥면은 물고임 없이 배수가 잘 되는가?				
	바닥면 배수구에 오물은 없는가?				
	바닥면 타일 깨짐 및 기타 오염은 없는가?				
	바닥면에 물때는 제거되었는가?				

구분	점검사항	오픈	마감	점검자	비고
실 내	조명 밝기는 충분한가?				
	환기팬은 정상적으로 작동하는가?				
	환기팬의 먼지는 제거되었는가?				
	악취는 나지 아니한가?				
	환기는 주기적으로 진행되고 있는가?				
	방향제는 충분한가?				
	기타 파손은 없는가?				
출 입 문	잠금장치 고장 및 파손은 없는가?				
	손잡이의 물기는 제거되었는가?				
	경첩에서 소리가 나지 않는가?				
	출입문에 오염은 없는가?				
	안내 표시는 정상적으로 부착되었는가?				

업무 체크 리스트

구분	점검사항	오픈	마감	점검자	비고
머신 & 그라인더	오염은 없는가?				
	그룹헤드는 청결하게 유지하고 있는가?				
	그룹헤드의 소모품은 주기적으로 체크하는가?				
	그룹헤드 및 스팀노즐에 누수는 없는가?				
	배수는 원활하게 이뤄지는가?				
	추출수 온도는 잘 유지되고 있는가?				
	호퍼에 원두는 충분히 채워져 있는가?				
	템퍼는 오염 없이 깨끗하게 유지되는가?				
바	바 테이블에 오염은 없는가?				
	시럽 및 소스류는 충분히 채워졌는가?				
	행주는 청결하게 세척되었는가?				
	조리도구는 청결하게 세척되었는가?				
	시럽 및 소스류의 펌프는 청결한가?				
	바닥면 타일깨짐 및 기타 오염은 없는가?				
	파우더류 계량 스푼은 세척되었는가?				
싱크대	싱크대 주변에 오염은 없는가?				
	싱크대 파손 및 누수는 없는가?				
	싱크대의 배수는 원활하게 이뤄지는가?				
	싱크대 주변에 악취는 없는가?				
	세척도구는 주기적으로 교체했는가?				
	세제, 손세정제는 충분히 준비되었는가?				
	식수 수전의 필터는 정상 작동하는가?				
홀	의자와 테이블에 오염은 없는가?				
	의자와 테이블에 파손은 없는가?				
	바닥면 타일 깨짐 및 기타 오염은 없는가?				
	매장 내 음악 장르 및 음량은 적당한가?				
	조명의 밝기는 충분한가?				

구분	점검사항	오픈	마감	점검자	비고
서 비 스 테 이 블	냅킨 및 스트로우는 충분히 채워졌는가?				
	식수와 컵은 충분히 채워졌는가?				
	시럽 및 설탕은 충분히 준비되었는가?				
	오염은 없는가?				
	쓰레기는 없는가?				
	쓰레기통은 비워졌는가?				
	기타 파손은 없는가?				
출 입 문	잠금장치 고장 및 파손은 없는가?				
	출입문에 손자국 및 오염은 제거되었는가?				
	손잡이에 오염은 없는가?				
	경첩에서 소리가 나지 않는가?				
	보안장치는 정상적으로 작동하는가?				
	보안장치는 정상적으로 작동하는가?				

재고 체크 리스트

구분		규격	수량 체크란	비고
소스 및 시럽	초코 소스			
	캬라멜 소스			
	바닐라 시럽			
	캬라멜 시럽			
	헤이즐넛 시럽			
파우더	녹차 파우더			
	고구마 파우더			
	시나몬 파우더			
	초코 파우더			
	민트초코 파우더			
티				
테이크아웃 용품				
과일				
디저트				
원두 / 커피 관련	Hammer	1kg		5kg 미만 주문 시 택배비 추가
	Drill	1kg		
	Specialty Coffee (싱글 오리진)	1kg		
우유	우유	1,000ml		
	휘핑용 크림	1,000ml		
	생크림	500ml		
설탕				
머신	머신청소세제	1ea		

전기홍의 카페 운영 X파일

초판 1쇄 발행 2024년 5월 28일

지은이 전기홍
펴낸곳 원앤원북스
펴낸이 오운영
경영총괄 박종명
편집 김슬기 최윤정 김형욱 이광민
디자인 윤지예 이영재
마케팅 문준영 이지은 박미애
디지털콘텐츠 안태정
등록번호 제2018-000146호(2018년 1월 23일)
주소 04091 서울시 마포구 토정로 222 한국출판콘텐츠센터 319호 (신수동)
전화 (02)719-7735
팩스 (02)719-7736
이메일 onobooks2018@naver.com
블로그 blog.naver.com/onobooks2018

값 20,000원
ISBN 979-11-7043-538-9 03320